农业全产业链建设
理论与盐城实践

扬州大学江苏现代物流决策咨询研究基地课题组　著

中国财经出版传媒集团

经济科学出版社
Economic Science Press

·北 京·

图书在版编目（CIP）数据

农业全产业链建设理论与盐城实践/扬州大学江苏
现代物流决策咨询研究基地课题组著 . -- 北京：经济科
学出版社，2024.8. -- ISBN 978 - 7 - 5218 - 5980 - 5

Ⅰ.①F323

中国国家版本馆 CIP 数据核字第 2024T61K39 号

责任编辑：崔新艳
责任校对：齐　杰
责任印制：张佳裕

农业全产业链建设理论与盐城实践
NONGYE QUANCHANYELIAN JIANSHE LILUN YU YANCHENG SHIJIAN
扬州大学江苏现代物流决策咨询研究基地课题组　著
经济科学出版社出版、发行　新华书店经销
社址：北京市海淀区阜成路甲 28 号　邮编：100142
经管中心电话：010 - 88191335　发行部电话：010 - 88191522
网址：www. esp. com. cn
电子邮箱：espcxy@ 126. com
天猫网店：经济科学出版社旗舰店
网址：http：//jjkxcbs. tmall. com
北京季蜂印刷有限公司印装
710 × 1000　16 开　14. 25 印张　230000 字
2024 年 8 月第 1 版　2024 年 8 月第 1 次印刷
ISBN 978 - 7 - 5218 - 5980 - 5　定价：57. 00 元
（图书出现印装问题，本社负责调换。电话：010 - 88191545）
（版权所有　侵权必究　打击盗版　举报热线：010 - 88191661
QQ：2242791300　营销中心电话：010 - 88191537
电子邮箱：dbts@ esp. com. cn）

本书受盐城市"加强农业全产业链建设促进乡村产业提质增效"课题研究项目和国家自然科学基金（72373129）资助

参与本书撰写的课题组成员

徐　静　姚冠新　张冬梅　戴盼倩　张　鹏
韩云霞　方　玲　杨　阳　孙志贤　陆一轩
李梦珂　范雪茹

前　　言

　　2019 年，国务院《关于促进乡村产业振兴的指导意见》指出，加快全产业链、全价值链建设。同年，中粮集团提出"全产业链"模式，全产业链发展成为企业创新经营的一种代表性商业模式。2021 年农业农村部《关于加快农业全产业链培育发展的指导意见》发布，提出打造一批创新能力强、产业链条全、绿色底色足、安全可控、联农带农紧的农业全产业链。2022 年，中央一号文件在上年度提出的"加快健全现代农业全产业链标准体系"的基础上，进一步提出"完善全产业链质量安全追溯体系"。可见，随着时间推移，政策领域对农业全产业链建设的要求和认识也在逐渐深化。

　　那么，到底什么是农业全产业链？从理论层面追溯，农业全产业链是在农业产业链基础上衍生出来的一个概念。要回答什么是农业全产业链，首先必须厘清什么是农业产业链，什么是全产业链。根据韩喜艳等（2019）的观点，农业产业链通常由农业生产要素（农资）投入、农产品生产、加工、包装、运输、物流、销售和体验等多个环节构成，涉及产前、产中、产后等不同的产业部门，链条长、环节多，是一个从"田间"到"餐桌"的完整过程。具体到全产业链，通常指某个主体（企业、地方政府等），围绕某个产业的发展建设相关配套产业，实现产业链纵向一体化和密集多元化的过程。其中，纵向一体化是指一条产业链上的产品、信息和服务等均由某个企业控制；而紧密多元化是指空间布局上存在多条紧密相连的产业链，并且这些产业链在品牌、营销、物流、财务、渠道等诸多环节上可以实现一体化整合（许益亮等，2013）。综合起来，农业全产业链是指农产品"从田间到餐桌"的完整的产业链系统，涉及农资供应与采购、农产品生产、农产品仓储与物流、农产品加工、农业品牌建立与市场营销、农业体验与休闲文旅等多个环节，是一个一体化发展的有机整体（韩喜艳等，2019）。而农业全产业链发展的最终目的是通过全产业链建设，整合优势资源，提升农业产业链网络价值，优化资源配置和产销需求，最终实现农业产业发展的协同效益和放大效应。

从影响农业全产业链建设的要素来看，首先，农业全产业链建设要有明确的参与主体，包括中央政府、地方政府、新型农业经营主体、协会、金融机构、新农人（农户）、科研院所和辅助性服务组织等。在这些主体中，通常有一个主导者，也就是"链主"。其次，农业全产业链发展离不开市场需求，即为了满足特定消费需求而开展的生产（服务）组织系统。最后，农业全产业链建设离不开要素投入和外部环境。其中，要素投入包括技术、原材料、劳动、资金等生产资料；外部环境包括政策、农业生产经营体系和社会经济文化等。卢凤君（2022）等研究认为，当前我国农业全产业链发展的路径模式主要有三类，即战略保供型全产业链、禀赋特色型全产业链和业态打造型全产业链。其中，战略保供型以"端牢中国饭碗"等前端生产供给为主，以规模农业为特点，所涉及的农产品为小麦、玉米、大豆、水稻、生猪等；禀赋特色型以多元价值开发为主，以功能农业为特征，所涉及的农产品为果蔬、土特产等特色品种；业态打造型以复合化生态化发展为主，以产业融合为特征，涉及基于产业融合的休闲农业、教育农业、创意农业和农文旅等。

从农业全产业链发展来看，由于农业全产业链提出时间短，我国农业全产业链发展还不健全，多数企业和区域还没有形成有助于全产业链发展的产业集群，特定产业链上仍缺少农业龙头企业和代表性链长企业，这成为农业全产业链发展的掣肘。此外，由于缺乏有效的利益联结机制，农业产业链发展过程中还存在产业链松散（即各主体分散经营、集成化不足）、产业链断链（即有生产无加工，有第一产业无第二、第三产业，以及常见的农产品"卖难买难"问题）、产业链价值错位（即链上参与主体利益分配不合理，如常见的农产品供应链"中间笑、两头叫"）等突出问题（韩喜艳等，2019），加上农业全产业链的绿色化、数字化和品牌化程度低，我国农业全产业链现代化水平亟待提升。

课题组 2022 年承接了盐城市农业农村局关于农业全产业链发展的委托课题，针对盐城市农业全产业链发展情况进行了深入调研和系统梳理，撰写了盐城市农业全产业链发展报告及几篇决策咨询报告，被政府相关部门采纳，受到江苏省政府相关领导肯定性批示。接着，以此为契机，又先后在新疆新源县和察布查尔锡伯自治县开展了全产业链发展调研，对全产业链发展布局和谋划有了初步认识。但由于全产业链建设涉及的内容多，主体复杂，建设难度大，学术界和实践领域对全产业链发展的认识仍有待继续深化。本书围绕农业全产业链主体培育、农业全产业链的数字化改造提升、农业全产业链利益联结机制、农业全产业链的品牌建设和农业全产业链绿色发展等几个关键问题，从概念内涵、发展现状、国内外典型案例和路径对策等角度展开，以期为农业全产业链建设提供一些有益的理论支撑和实践借鉴。关于品牌部分本书不做赘述。

本书第一章和第二章主要由孙志贤、陆一轩和李梦珂博士撰写，第三章和第四章主要由张冬梅老师和熊世豪撰写，第五章和第九章主要由徐静老师撰写，第六章、第七章、第八章和第十章主要由韩云霞、张鹏、方玲和戴盼倩老师撰写。姚冠新老师主要负责书稿架构、校稿和整体工作安排，颜东平、周万中和许蕤先生等全程参与了书稿第五章至第十章的修改指导，范雪茹博士参与了书稿校正。感谢课题组吴涛等其他老师和研究生在课题调研与报告撰写过程中付出的辛勤劳动！

受限于研究人员的学术水平，著作撰写过程中难免有疏漏不当之处，恳请同行不吝批评指正！

作　者

2024 年 2 月

目　　录

第一部分　理论篇

第一章　农业全产业链市场主体培育

近年来，我国农业全产业链发展速度，稳步提升，但仍存在不少短板和薄弱环节。2021 年农业农村部《关于加快农业全产业链培育发展的指导意见》（以下简称《指导意见》）提出总体发展目标："到 2025 年，农业全产业链标准体系更加健全，农业全产业链价值占县域生产总值的比重实现较大幅度提高，乡村产业链供应链现代化水平明显提升，现代农业产业体系基本形成。粮棉油糖、肉禽蛋奶等重要农产品全产业链基本建成，国内生产供应体系安全可控。果菜菌茶、水产品、特色农产品全产业链不断健全。培育一批年产值超百亿的农业'链主'企业，打造一批全产业链价值超百亿的典型县，发展一批省域全产业链价值超千亿的重点链。"可见，培育链主企业、壮大产业链建设市场主体是发展农业全产业链的必要途径。

第一节　农业全产业链市场主体的定义与分类

一、农业全产业链市场主体的定义

从经济学基本理论来看，市场主体有广义和狭义之分（管茜和夏义堃，2023）。广义的市场主体包含市场经济的管理主体政府以及市场中从事交易活动的各类组织和个人，既包括营利性机构，也包括非营利性机构。狭义的市场主体以营利为目的，涵盖市场竞争中从事商品生产、经营和服务的各类企业组织和个人。广义和狭义市场主体的关键区别就在于是否以营利为目的，是否纳入政府和其他非营利机构。从我国不同法律情境来看，市场主体的内涵与特征也存在明显差异。在民商法语境下，依据《中华人民共和国市场主体登记管理条例》，市场主体是以营利为目的从事经营活动的自然人、法人及非法人组织，主要包括公司、企业、农民专业合作社和个体工商户；而在经济法语境下，参与市场经济活动的各类主体无论是否以营利为目的，均属于市场主体（殷继国，2023）。本书基于经济法语境下的市场主体内涵，将农业全产业链市场主体定义为在农业研发、生产、加工、储运、销售、品牌、体验、消费、服务等环节中，所有从事农产品生产、经营与服务活动的各类组织与个人，是保障农产品供需和产销对接的各类市场参与主体，不包括政府。

二、农业全产业链市场主体的分类

《指导意见》中指出：坚持协同推进。促进多主体分工协作、多要素投入保障、多层次利益协调、多政策配套服务，形成政府引导、农户参与、企业带动、科技支撑、金融助力的良好产业生态；引导龙头企业牵头，农民合作社、家庭农场和广大农民跟进，科研、金融、互联网、品牌创意机构参与，形成广泛的利益联合体；支持农业产业化龙头企业担任'链主'，组织育种育苗、生产基地、仓储设施、科研院所、加工流通、产业协会、服务机构、电商平台、融资机构等经营主体，一体打造农业全产业链。根据《指导意见》，本书将农业全产业链的市场主体划分为小农户、新型农业经营主体和农业社会化服务组织等类型。

（一）小农户

小农户是农业全产业链中数量最庞大的主体，也是产业链上游生产环节最重要的主体（熊磊等，2019）。当前学术界对小农户的定义和划分标准尚不统一。世界银行将以家庭成员为主要生产劳动力且土地经营规模小于2公顷的农户定义为小农户（张红宇，2019），但不同国家和地区的农业生产方式、用地面积和性质等并不相同，使得该概念界定在国际社会中未被完全认可。我国农业农村部在全国农业普查中，将农地经营规模低于

50 亩①的农户视为小农户（易福金等，2023）。从我国国情农情来看，现阶段的小农户由土地等农业资源禀赋决定其生产经营结构、家庭收入结构和社会交往方式等都发生了巨大变革（郭庆海等，2018）。从小农户划分标准来看，按照小农生产特征可将小农户划分为 4 类，即退出型小农、自给型小农、兼业型小农和发展型小农（郭晓鸣等，2018）；按照家庭经营的兼业情况可将小农户划分为 4 类，即纯农户、农业兼业户、非农业兼业户和非农户（叶兴庆，2021）；按照农业经营方式的转变可将小农户划分为 5 类，即传统农户、非农农户、专业种植与养殖户、经营与服务型农户、半工半农型农户（陈春生，2007）。虽然不同划分标准下农户的分类存在明显差异，但其科学分类均遵循农户演化规律，并能反映出各类农户的分化趋势。本书认为小农户的农业用地经营规模应低于 50 亩，并且由具有亲缘关系的农村居民组成，家庭中部分成员必须从事农业生产。

（二）新型农业经营主体

新型农业经营主体是促进农业农村现代化、全面推进乡村振兴的重要力量。2012 年末，党的十八大报告提出培育新型农业经营主体的概念（王晓睿，2020），随后学术界对新型农业经营主体的概念特征、培育路径等展开深入研究。关于新型农业经营主体的概念界定，学者们主要聚焦于"新型"二字的实质内涵及其特征表现。王定祥等（2015）将新型农业经营主体定义为与农业生产经营活动有关的营利性组织。唐弋夫等（2022）认为新型农业经营主体是具备一定规模、物质生产条件和运营管理水平的农业生产主体，其土地利用效率和劳动效率均具有较高水平。可见，新型农业经营主体更加注重农业的规模化生产、集约化经营和产业化发展成效。

关于新型农业经营主体的类型划分，学术界尚未形成统一共识（武舜臣等，2019）。陈晓华（2014）指出，新型农业经营主体包含专业大户、家庭农场、农民合作社、农业产业化龙头企业和农业社会化服务组织五种形式。赵晓峰和赵祥云（2018）认为，新型农业经营主体和新型农业服务

---

① 1 亩 = 666.67 平方米，遵循农业中的使用惯例，本书个别地方仍保留以亩为单位的表述。

主体共同构成了新型农业主体，其中新型农业经营主体更多与农业的规模化、集约化生产经营直接相关，不包含与农业生产间接关联的新型农业服务主体。随着研究的持续深入和政策的不断更新，学术界普遍认为新型农业经营主体主要包含专业大户、家庭农场、农民专业合作社、农业龙头企业四种形式（宋洪远等，2020）。本书将新型农业经营主体定义为直接涉及农业生产过程的营利性经营组织，主要包括家庭经营主体、合作经营主体和农业企业（孙运宏，2022），其中家庭经营主体包括专业大户和家庭农场，合作经营主体的典型代表是农民专业合作社，农业企业主要指农业产业化龙头企业。

1. 专业大户

专业大户也被称作种养大户，是规模农业经营户（孟秋菊和徐晓宗，2021）。该类主体通常从事单一农产品生产活动，其生产规模通常超过普通农业经营户（小农户）。按照从事农业生产的对象，又可划分为种植大户、养殖大户等类型。专业大户的界定和划分缺乏统一标准（杨一介，2018），不同学者对其认定条件持有差异化的观点。纪永茂和陈永贵（2007）指出，农业专业大户应以家庭经营为单位，具备适当规模，且其农业产值须占家庭全部收入的70%以上，马燕妮等（2017）认为专业大户从事农业生产的收入应占家庭全部收入的50%。本书认为专业大户应具备的必要条件是：以家庭经营为基础，其农业生产具备一定规模，产生的经济效益是家庭收入的主要来源。

2. 家庭农场

"家庭农场"这一概念起源于欧美等发达国家，与农户经济的变革发展、农业资源禀赋约束、政府农业政策演变等密切相关（田雨露等，2022）。从经营规模来看，已形成以美国为代表的大型家庭农场、以法国为代表的中型家庭农场和以日本为代表的小型家庭农场。其中，美国农业部（USDA）将家庭农场定义为：主要经营者及其亲属（具有血缘或者姻亲关系）享有50%以上所有权的农场，包括个人独资、合伙制或公司制等多种组织形式，其认定标准聚焦于家庭属性范畴、主要所有权的归属和农场收入标准三个方面（高海，2016）。法国的家庭农场则主要依赖于家庭内部劳动生产，集所有权与经营管理权于一体，其认定标准的关键在于家庭劳动力参与程度、经营规模与管理水平适配程度、会计核算体系健全程度（王新志等，2020）。日本家庭农场则大多以小型机械服务家庭农业生产以达到节约资源、提高效率的目的，但也具有一定的封闭性（胡新艳等，2023）。

我国于 2013 年中央一号文件中正式提出发展家庭农场，鼓励和支持承包土地向家庭农场转变，促进农业集约化经营管理水平的提升。值得注意的是，我国家庭农场的内涵与欧美等发达国家有所区别。美国、法国等国家的家庭农场是建立在土地私有制度的基础上，而我国家庭农场是家庭联产承包责任制的继承与创新（陈德仙等，2021），实行的是"土地集体所有、土地经营权流转受让方经营与农民雇佣劳动"的组织形式，这也决定了我国与欧美等国家推进家庭农场变革和发展路径的不同。当前，虽然我国基本形成了纯粮种植型、种养结合型、机农一体型和三位一体型等不同生产经营类型的家庭农场（李友艺等，2022），但是在国家层面尚未形成统一的家庭农场认定和划分标准（曹燕子等，2018），不同省份、地区家庭农场的种养规模认定标准存在着明显差异。以种植业为例，江苏省的认定标准要求露地农作物种植面积不少于 20 亩，而山东省按照作物类型将认定标准划分得更为细致，其中粮食种植面积须 50 亩以上，棉花、油料作物种植面积不少于 20 亩。本书基于国内学者的主流观点，认为家庭农场是以农户家庭成员参与农业劳动为基础，以农业收入为家庭主要收入来源，从事规模化、集约化、专业化、商品化农业生产经营活动的新型农业经营主体（Chen et al.，2022），其认定标准应重点关注家庭劳动属性、土地经营权和农业种养规模三个方面。

3. 农民专业合作社

我国自 2007 年 7 月 1 日起正式实施《中华人民共和国农民专业合作社法》（以下简称《农民专业合作社法》）。该法律共 9 章 56 条，明确规定了农民合作社的概念，将其界定为在农村家庭承包经营基础上，同类农产品的生产经营者或者同类农业生产经营服务的提供者、利用者，自愿联合、民主管理的互助性经济组织；并详细规定了农民合作社的设立和登记要求、组织机构、财务管理、扶持政策和法律责任等内容。《农民专业合作社法》的实施为推进农民专业合作社的规范化发展提供了坚实的法律保障，使我国农民专业合作社数量规模稳步扩大，有效促进了农民增收和农业农村现代化发展。但是，随着农村分工分业深化、农户分层分化加快，农村农业生产经营方式已由最初的单一类型向多元综合型发展，农民专业合作社的内部运营机制也发生了重大变化，该法律中的部分规定难以继续适应合作社实践的新发展新要求。为此，我国于 2017 年修订《农民专业合作社法》，重点修订的内容包括农民合作社的法律调整范围、成员资格和构成、土地经营权作价出资、联合社、成员内部信用合作。其中，农民合作社的法律范围相较于 2007 年有所扩大，不再局限于从事单一同类农产品生产经营以及服务，删除了原本法律中规定的"同类"二字（唐丽桂，2019），并纳入乡村旅游合作社、休闲农业合作社等新型农业专业合作社。

本书依据 2017 年最新修订的《农民专业合作社法》，将农民专业合作社定义为：在农村家庭承包经营基础上，农产品的生产经营者或者农业生产经营服务的提供者、利用者，自愿联合、民主管理的互助性经济组织。总体来看，无论法律政策如何变革，农民专业合作社始终具备以下几个特征：以家庭承包经营为基础，以服务社员、民主决策和分配公平为原则，以互帮互助提升生产经营效率为目标（张新文等，2019）。在我国发展实践中，农民专业合作社存在着不同标准下的类别划分：从合作社的产品类别来看，包括粮食类、食用菌类、花卉苗木类和服务类（黄祖辉等，2010）；从合作社"内卷化"的表现形式来看，包括休眠型、挂牌型、协会型、企业主导型和大户控制型五种类别，不同类型的合作社在组织结构、资源结构、制度环境等方面存在着差异（崔宝玉等，2017）；从合作社的创建方式来看，包括农户自发和外力带动两种类型，前者主要是分散的农户自发创建以发挥规模经济、共享收益，后者主要是由政府、农业龙头企业、种养大户等牵头引领，带动和组织小农户共同参与，通常具有较好的竞争优势和生产经营绩效（高建中等，2014）。

4. 农业产业化龙头企业

农业产业化发展是推进我国农业现代化、农民农村共同富裕的重要方向。当前学术界对农业产业化的概念内涵和特征表现尚未形成严格统一的定论，但是其本质上仍是以农业龙头企业为引领，串联农业全产业链的各环节各主体，并以先进的组织经营管理方式、农业生产服务技术为支撑，追求全产业链经济效益的最大化（于海龙等，2023）。当然，在农业产业化发展的动态演进中，农业全产业链不同主体间的分工协作、利益联结机制也在发生着变化。

龙头企业一般具备较强的经营管理模式、协同创新能力、投资融资能力、风险规避与应对能力,通常在农业全产业链中担任链主的职责。在农业生产管理实践中,龙头企业是农业产业化经营的"领头雁",对促进农业全产业链三产融合具有重要作用。龙头企业通过发挥产业关联和集聚效应,加快了农产品产销一体化空间格局的形成,并采用契约农业、土地入股等多元化手段吸纳农户广泛参与农业全产业链建设(李小建等,2023),为农户提供信贷支持、劳动就业帮扶等惠农措施,不断促进农民收入增长。从生产经营的业态来看,龙头企业包括农业种养、农业加工、农业流通等多种类型。从认定级别来看,龙头企业包括国家级、省级和市级等类型,其中农业产业化国家重点龙头企业认定的主要条件是企业综合实力、联农带农情况和社会责任履行情况。总体来看,农业龙头企业应具备生产高度专业化、管理严格组织化、成员高度雇佣化、产权明确清晰化等基本特点。本书认为,农业产业化龙头企业是促进农业产业化发展的关键力量,大多具备加工、储藏、运输、社会服务等多样化功能,在农业全产业链建设中依托自身管理、资本、技术和人才等优势,以链主身份重点发挥联农带农作用,持续提升农业全产业链整体价值。

(三)农业社会化服务组织

农业社会化服务组织是在农业全产业链生产、加工和流通等不同环节中提供多元社会化服务的主体(李容容等,2015)。农业社会化服务涵盖了农资供应、农产品仓储与配送等生产资料和农产品流通服务,播收农机作业、病虫害防治、农产品质量检测与管理等生产辅助服务,育种、播种等技术研发与推广服务,农业通信、灾害性天气预报等信息服务,以及农业保险、农业生产融资等金融服务(钟真,2019)。大多学者认为农业社会化服务组织的类型包括政府主导形成的具有公益性质的社会化服务组织、从事农业作业服务的村集体经济组织、由市场主导形成的具有营利性质的公司企业制服务组织、农业生产者自发形成的农村合作社等专业化服务组织(杨汇泉等,2010;石志恒等,2022)。本书认为农业社会化服务组织是农业生产专业化分工的结果,包括农业科研机构在内的公益性服务组织和金融机构、互联网机构、品牌创意机构等服务于农业全产业链各环节的第三产业组织。

1. 农业科研机构

农业科研机构是指从事农业科学技术研究与开发的组织，通常涵盖国家级、省级、市级、院校级等不同层级的农业科学院（所）、农业重点领域的专业技术实验室、研究中心等。农业科研机构的主要任务是探索农业科学发展的自然规律，创造新的知识，解决生物育种等重大科学和技术问题，持续推动农业科技进步和社会经济高质量发展。

2. 金融机构

本书提及的金融机构是指为农业全产业链多元主体提供信贷专项支持和保险投资基金的金融中介机构，承担着深层次推进农业全产业链发展的重要职能，重点为粮食和重要农产品生产加工流通、农业现代化科技装备等提供金融支持。从涉农金融机构类型来看，可划分为银行机构和非银行机构，其中银行机构主要包括由国家出资设立支持农业农村可持续健康发展的中国农业发展银行、中国农业银行、中国邮政储蓄银行等全国性大型商业银行、农村商业银行等地方性金融机构，非银行金融机构主要包括农业保险公司、农村信用合作社等。

3. 互联网机构

互联网机构指利用互联网进行各种商务活动的机构，通常包括搜索引擎、门户网站、电子商务、社交媒体等类型。农业互联网机构包含农产品生产流通、全流程追溯等智慧化综合服务平台，通常具有网络效应、规模效应、低成本、高效率、创新性等特点。

4. 品牌创意机构

品牌创意机构是指为农业全产业链多元主体提供品牌发展方案的创意工作体，主要业务包括品牌策划、品牌设计、品牌推广与传播等。一个优秀的品牌创意机构应该具备专业的团队、丰富的经验、创新的理念和高效的执行能力，并通过创造性的思维和手段，帮助不同市场主体树立鲜明的品牌形象，提升农业全产业链整体品牌价值，增强市场主体的核心竞争力。

第二节　农业全产业链市场主体培育现状及困境

一、农业全产业链市场主体培育现状

（一）小农户培育现状

我国小农户数量庞大，是农业生产经营的关键主体之一，在保障国家粮食安全中扮演着重要角色。小农户的农业生产行为往往具有相对独立性，有效克服了集体生产作业的劣势。同时，与大规模农业生产经营相比，小农户在应对市场变化、突发事件时的可变性和可操作性更灵活。随着农业农村现代化的持续推进，部分小农户转向从事非农工作，而其他小农户除了继续自我固有土地生产外，还可通过土地流转、合作经营等多种方式扩大农业生产规模，逐步向适度规模经营方向发展，进一步提高农业生产效率与效益。

（二）新型农业经营主体培育现状

1. 专业大户培育现状

随着农业结构调整和土地流转政策的推进，我国专业大户数量不断增长。专业大户通常长期生活在农村，对农村地区社会环境以及气候、水文等自然环境较为了解，能够较为准确地把握农业生产时间与方式。从我国浙江和湖南两省的专业大户培育情况来看，40～50岁和51～60岁两个年龄阶段的专业大户数量最多，主要是地方"种养能手"，拥有多年从事农业生产的实践经验（刘启明，2019）。同时，多数农业专业大户加强农业生产技能与经营管理能力的积极性持续增强，自觉主动地学习并应用先进农业技术开展生产经营，不断提高农业生产效率。

2. 家庭农场培育现状

2013～2022年，我国家庭农场数量逐年增长，从2012年的7.23万家增长到2022年的近400万家，实现了跨越式发展与进步，这也反映出当前我国家庭农场发展已成为推进农业农村现代化的重要方向之一，培育政

11

策的有力支持能够充分激发农户创办家庭农场的积极性。从家庭农场地域空间分布来看，受地形、气候、土壤质地等要素影响，我国家庭农场的生产经营规模存在明显的区域差异性，青海、宁夏和黑龙江等省份的家庭农场平均规模超过 20 公顷，而福建省、广东省等地区平均规模相对较小。从家庭农场构成来看，我国超过 60% 的家庭农场以种植业为主，其次是畜牧业和渔业，果蔬、棉花等，其他产业类型的家庭农场数量较少。在家庭农场培育发展的实践中，全国层面形成了以上海松江、安徽郎溪、吉林延边、浙江宁波和湖北武汉为代表的家庭农场发展模式（田雨露等，2022）。

3. 农民专业合作社培育现状

从农民专业合作社的时间变化来看（见图 1-1），2013～2022 年我国农民专业合作社存续数量大幅度提高，对农业发展的推动作用越来越强。截至 2022 年底，我国农民专业合作社存续数量已经达到 224.36 万家，本年新增农民专业合作社 12.15 万家，破产死亡农民专业合作社 10.71 万家。从 2013～2022 年农民专业合作社的增长趋势上来看，可将时间发展历程划分为两个阶段。第一阶段是 2013～2017 年，该阶段全国农民专业合作社发展势头强劲，平均每年增加 20 万家左右；第二阶段是 2018～2022 年，该阶段全国农民专业合作社的发展速度明显放缓，平均每年增加 2 万家左右，数量波动不明显。从农民专业合作社的空间分布来看，东中部地区数量明显高于西部地区，2022 年底农民合作社数量超过 20 万家的只有山东省和河南省两个农业大省，其中山东省存续数量全国第一，为 24.36 万家。从 2022 年全国农民专业合作社分布情况来看（见图 1-2），与农林牧渔产业相关的农民专业合作社数量占比为 94.7%，其他行业相关的合作社占比 5.3%。具体来看，从事农业生产经营活动的农民专业合作社数量最多，占比为 58.8%，其次为从事牧业生产经营活动的农民专业合作社，占比为 19.3%，而从事林业生产经营活动的农民专业合作社数量最少，占比仅为 3.1%。① 总体来看，我国农民专业合作社的数量规模、所处行业类型、业务范围等均在不断拓

---

① 浙大卡特-企研中国涉农企业数据库，http://www.card.zju.edu.cn/2020/0902/c24473a2274000/page.htm.

展，有效促进了乡村产业的高质量发展。

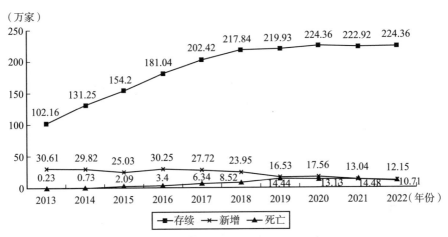

图1-1　2013~2022年农民专业合作社数量变化

资料来源：浙大卡特-企研中国涉农企业数据库（CCAD）。

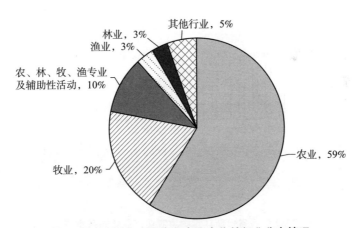

图1-2　2022年全国农民专业合作社行业分布情况

资料来源：浙大卡特-企研中国涉农企业数据库（CCAD）。

4. 农业产业化龙头企业培育现状

2022年初，农业农村部等多个部门联合公布第七批农业产业化国家重点龙头企业名单，该批次新增 412 家企业。① 从该批次农业产业化龙头企业的地区分布来看（见图 1-3），河南省、山东省、江苏省和四川省等农业大省新增数量排名靠前，均超过 20 家，可见区域农业的高质量发展能为农业产业化龙头企业提供更为广阔的市场和丰富的资源，有助于龙头企业综合实力的持续增强。截至 2022 年底，全国县级以上龙头企业近 9 万家，其中国家级重点龙头企业近 2 000 家。同时，根据《2023 中国新型农业经营主体发展分析报告》，2022 年我国销售额在 11 亿元以上的农业 500 强企业平均营业收入达到 115.15 亿元，其中民营企业数量最多，占比超60%，其次是国有企业，地域空间上东部地区的数量最多，占比为56.20%，中部、西部和东北地区数量差别不明显。从农业 500 强企业的行业分布来看，食品类企业数量最多，其次是农产品流通类，而饮料和酒类、农业社会化服务类的企业数量相对较少。从履行社会责任情况来看，农业 500 强企业重视与小农户、农业新型经营主体的联结，平均每家企业带农增收金额达到 6.28 亿元，联农带农能力持续增强。

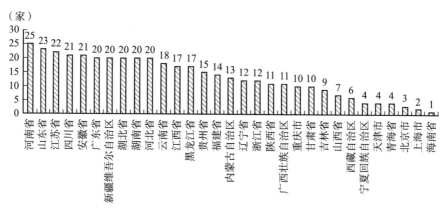

图 1-3　2022 年各省份新认定国家农业产业化国家重点龙头企业

资料来源：中华人民共和国农业农村部。

（三）农业社会化服务组织培育现状

随着农业农村现代化的加快推进，我国农业社会化服务组织的数量不

---

① 中华人民共和国农业农村部，https：//www.moa.gov.cn/.

断增加。截至 2022 年底，全国农业社会化服务组织数量超过 104 万家，服务小农户数量超 8 900 万户，在推进小农户与现代农业有机衔接中发挥着重要作用。① 当下，农业社会化服务组织为了追求更高的经济利润和市场份额，正通过加强智能播种、收割装备应用、提供智慧生产经营技术等多种方式进一步拓宽服务领域，提高服务质量，更好地满足农户生产经营的多元化需求。为了加快农业社会化服务组织发展，我国出台了诸多相关政策，提供财政补贴，加强农业社会化服务组织平台完善与应用，不断为其发展创造良好的生态环境。从农业社会化服务组织类型来看，郭晓鸣和温国强（2023）依据农业社会化服务组织的服务作物类型与服务环节类型，对我国农业社会化服务组织平台组织名录中的主体进行了详细梳理与分类（见图 1-4），可知我国农业社会化服务组织服务于多作物多环节的数量最多，占比约 34%；其次是服务于单作物多环节的组织，数量占比约 25%。这些组织涵盖了农业技术推广、农机服务、农产品加工与销售等多个领域，为农业生产提供了全方位的服务。

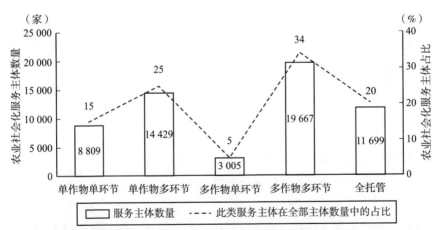

图 1-4 不同类型农业社会化服务供给主体的数量和占比（截至 2023 年 1 月 4 日）

资料来源：郭晓鸣，温国强．农业社会化服务的发展逻辑、现实阻滞与优化路径［J］．中国农村经济，2023（7）：21-35.

---

① 中华人民共和国农业农村部，https：//www.moa.gov.cn/.

二、农业全产业链市场主体培育困境

（一）小农户培育困境

一是小农户拥有的土地资源较为零碎，农业生产经营规模较小。我国各地区农业资源禀赋差距较大，丘陵山区中的小农户在农业生产中通常耗费更多的人力和物力资源投入。由于小农户生活空间分布相对较为分散，单个小农户分得的土地资源多呈现非集中连片的特征，即土地多为"块状"，难以进行连续的规模化生产作业。二是农业用地肥力下降，生产成本攀升，小农户实际净收益较低。由于连年耕作使得土壤肥力不断下降，小农户为了保障农作物产量不得不增加化肥农药的投入使用，长此以往土地资源将变得更加脆弱。对小农户而言，农业生产所得往往是其关键收入来源，而小农户拥有的土地资源有限，通常单个小农户仅在原有土地面积的基础上进行循环农耕生产，较少扩大生产经营面积，因而小农户的净生产效益较低。三是小农户农业生产的技术素养较低，对市场变化的感知能力较弱。多数小农户为老龄人口，学习和掌握现代农业科技的能力较弱，其农业生产仍较多依赖于传统方式，如人工插秧、人工喷药施肥。同时，小农户往往缺乏获取和分析市场信息的渠道和能力，无法客观准确地感知市场需求和价格变动，其开展农业生产活动存在盲目跟从现象。

（二）新型农业经营主体培育困境

1. 专业大户培育困境

农业专业化大户是农业种养环节的关键主体之一，在驱动农业全产业链升级发展中发挥着重要作用。当前，我国农业专业化大户种养规模持续攀升，规模经营优势不断凸显，但是在发展中仍有一些问题亟待解决。一是专业大户面临土地流转难题，规模化生产的土地资源要素保障受到制约。专业大户通常从小农户手中流转和租赁土地，双方在农地用途、流转价格和条件等事项往往难以协商一致，同时，土地流转平台不统一、流转程序与标准不透明、流转合同不规范等问题将会持续影响专业大户农业种养的稳定性。二是农业专业大户种养技术与经营管理水平有限，难以满足长远发展需求。农业大户的受教育程度普遍较低，多数缺乏专业化的生产经营管理知识与能力、系统化的技术培训与指导，通常只顾短期的生产效益，缺乏长远战略性眼光。三是农业专业大户融资较为困难，应对市场风险与价格冲击的能力较弱。农业专业大户可抵押的资产较少、面临的生产经营风险较强，使其难以从银行等金融机构获得足够的信贷资金。同时，农业生产经营受价格波动影响较为明显，而专业大户的市场议价和抗风险能力又相对较弱，加剧了其生产经营的不确定性。

2. 家庭农场培育困境

当前我国在推进家庭农场发展的过程中仍存在一些问题，其规模化生产经营能力、富农增收效应受到了一定程度的制约。一是家庭农场财政资助覆盖范围有限，存在资金短缺问题。家庭农场通常要购置优质种子、高效肥料农药、智能化农业生产装备等资源满足规模化农业生产需求，但是政府财政扶持力度相对较弱，无法为全面为所有家庭农场提供充足的资金来解决其实际生产经营中的问题。同时，当前多数家庭农场资金需求通常无法依赖亲友借贷等内源性融资方式解决，需要银行等金融机构予以支持。但是，由于家庭农场自身发展存在着固定资产价值较低、经营策略不科学、内部管理层级架构不明确、抗风险能力不强等诸多问题，银行等金融机构为其提供贷款融资的力度有限。二是土地流转问题制约家庭农场规模化发展（赵伟峰等，2015）。相较于欧美等国家，我国家庭农场的用地规模仍然较小，无法促进规模化生产效益的提升。同时，当前家庭农场的用地主要来自农户1~3年或3~5年的短期土地流转与租赁，且农业用地在空间上呈现明显的"碎片化"分布特征，不利于土地生产经营中的集约化、机械化作业，更不利于家庭农场的长期稳定发展。三是家庭农场中高素质人才不足，生产经营管理水平较为滞后。现代家庭农场中，约70%以上的农场主受教育程度处于初中和高中阶段，经营管理者缺乏专业化的农业生产管理知识，缺少较强的成本控制和风险应对能力，无法正确把握市场发展趋势，而农业生产劳动者年龄普遍较大，缺乏对新型耕作技术装备的操作能力，整体素质偏低。

3. 农民专业合作社培育困境

在我国农业实际发展过程中，农民专业合作社的培育仍面临着诸多困难与挑战。一是农民专业合作社规模普遍偏小，存在较为严重的空心化现象。虽然我国农民专业合作社的数量在不断增多，但是多数农民专业合作社的经营规模较小、服务空间范围有限、服务类型较为单一。同时，由于当前多数农业专业合作社内部的权益分配、决策机制、退出机制尚不健全，合作社各部门间的权责关系尚不明确，各成员主体间的利益通常难以均衡，极大程度上将阻碍合作社的稳定有序经营、加剧合作社的空心化。二是多数农民专业合作社缺乏懂生产、懂经营管理的高素质人才，新型技术创新与应用能力不足。根据《2022年农民工监测调查报告》，2022年全国农民工总量达2.9亿人。伴随着大量农村青壮年劳动力进城务工、农村人口老龄化速度的加快，农村地区的空心化问题越来越突出。当前，农民专业合作社的经营管理者多数为当地农民，缺乏专业化的农业生产经营管理知识、经验与技能，导致农民专业合作社的整体发展战略定位不科学，市场开拓能力有限，内部组织控制与管理不协调。三是农民专业合作社融资困难，政策支持力度有待进一步加强。多数合作社成立初期需要充足的启动资金投资于生产设备、技术应用等方面，但是由于合作社内部经营管理机制不健全、风险承担能力较弱等，银行等金融机构难以为其提供完备的贷款服务。虽然我国和地方政府出台了一系列推动农民专业合作社发展的政策措施，但是在具体实施过程中仍存在政策落实不到位、执行监管力度欠缺等问题，一定程度上制约了农民专业合作社的健康发展。

4. 农业产业化龙头企业培育困境

在宏观政策驱动下，我国农业产业化龙头企业加速发展，在农业全产业链中的引领带动作用显著增强。但是，当前龙头企业在培育过程中仍面临着诸多挑战和困境，一定程度上制约了农业全产业链上下游企业间的高效协同运作。一是多数农业产业化龙头企业的融资方式较为单一，主要依赖于银行贷款。根据2017年农业农村部统计数据，全国农业龙头企业的负债中银行贷款金额占到五分之二以上，而其他渠道融资贷款金额占比相对较小。同时，农业龙头企业自身生产经营存在的不确定性与高风险性，可用于贷款的抵押物较为缺乏，因此其通常获得相对较差的信贷评级，因而银行等金融机构往往无法满足其大额融资需求。二是农业产业化龙头企业数量和规模不断提升，但是整体经济效益仍然不强。多数农业龙头企业仍停留在生产初级农产品或农产品初加工阶段，产品的销售渠道较为单一且附加值较低，同时多数企业的盈利水平相对较低，部分企业也出现了净效率为负的现象。随着经营利润的下降，龙头企业无法拥有充足的资金来投资扩大生产规模、加强技术创新应用与培养高层次人才，长此以往企业将走向衰落。三是农业产业化龙头企业的经营管理模式相对落后，制约了企业的长远发展。当前，在我国农业龙头企业中，民营企业占比超过80%，多数企业仍延续了家族式经营管理，尚未建立健全科学、层次化、结构化的现代企业经营管理体制，缺乏长远的投资战略。同时，部分农业龙头企业内部管理混乱，缺少科学的风险管理与规避措施，管理层对产品质量控制缺乏监督，员工责任意识与专业技能素养缺失。

（三）农业社会化服务组织培育困境

虽然我国农业社会化服务组织的数量、服务能力较以往取得了明显的进步，但是在服务供需匹配、区域空间平衡等方面仍有较大的阻碍。一是多数农业社会化服务组织的服务供给类型较为单一，无法满足差异化、多元化的农业生产服务需求。农业社会化服务组织大多服务于粮食、玉米等农作物的耕种收割环节，而其他环节的配套服务能力相对较弱，果蔬茶药等农作物的社会化服务组织数量更少。由于农业生产端受市场价格波动、自然环境变化等要素的影响较大，农业生产的服务需求更加多变，而农业社会化服务组织的规模、服务模式与能力通常较为固定，难以在短时间内快速响应并满足生产端的服务需求。二是农业社会化服务组织管理与运营不规范，本土化发展相对迟缓。许多农业社会化服务组织的内部规章制度不健全，组织效率较为低下，同时政府等部门对其监管也相对较弱，使得其服务质量较低。在农业生产过程中，农户通常会选择信任的本地农业社会化服务主体。然而，具备本土优势的农业社会化服务专业户仅在全国服务主体的一半左右，且多数服务主体拓宽服务业务与范围的积极性较低，加之本地服务主体间普遍存在着市场竞争行为，开展利益联结合作的概率较小，不利于本土农业社会化服务市场的扩大以及农业生产效率的提升。三是农业社会化服务组织的区域空间差异明显，存在结构失衡现象。农业社会化服务受地形等要素制约较为明显，丘陵地区服务组织数量远低于平原地区。当前，虽然我国农业社会化服务组织通常具备深松、深耕、播种、植保等多环节服务能力，但是具备全托管能力的服务主体仍相对较少，从事低端化服务的组织也存在较为严重的同质化竞争现象，在一定程度上阻碍了区域农业的协调健康发展。

第三节　农业全产业链市场主体培育路径

一、农户主体培育路径

（一）加大专业人才引进

随着城镇化进程的加速，农村人才流失问题日益严重，这在一定程度上制约了新型农业的发展。改变这一现状必须重视人才引进与培训工作。针对当前农村人才短缺的问题，政府应当出台更加具有吸引力的人才引进政策。首先，要完善职业教育体系，提高农业相关专业的教育水平，培养更多具备专业知识和技能的农业人才。其次，鼓励高校毕业生到农村基层工作，通过提供优厚的薪资待遇、生活补贴以及良好的晋升空间，吸引他们为新农村建设贡献力量。

（二）完善人才培训计划

为了提升农民的知识水平和技能，需要建立健全新型农民培训制度。这包括制定科学规范的培训制度，确保培训内容的实用性和前瞻性。同时，要成立专业培训的机构，按照农民不同阶段的知识水平定期调整培训计划的内容，确保培训的高质量、高水平，提高他们的实践能力和应对农业风险的能力。强化人才引进和完善人才培训计划可以为新农村建设注入新的活力，推动农业产业的持续健康发展。

二、新型农业经营主体培育路径

（一）多渠道增加资金支持

加大财政扶持力度。鉴于我国农村地区经济发展的相对滞后和农业基础设施的薄弱，国家财政的支持在培育新型农业经营主体过程中至关重要。政府在出台财政扶持的相关政策时应重点关注对新型农业经营主体的支持。

简化融资贷款流程。当前，新型农业经营主体面临的主要挑战之一是融资难。政府应采取一系列措施优化融资贷款政策，酌情放宽与农业有关业务的贷款审批，为农业领域提供更多的资金支持。为满足不同农业经营主体的融资需求还需发展灵活的贷款渠道，同时，政府还应致力于减少烦琐的手续和冗长的放贷周期，为农业规模化生产提供强有力的金融支持。

推动融资担保机构发展。政府应引导合作平台的建设，推动金融机构与企业合作，同时，推动融资担保机构发展，坚持诚信经营，推动金融机构与担保机构的合作，以提升服务质量并有效分散风险。此外，还应制定规范的合作机制，不仅有助于保障农民的利益，还能为农业和农村经济提供坚实的金融支持。

（二）加强科研成果应用推广

一是培养农业科技推广人才。提升农业科技成果转化率，关键在于培养具备高素质和专业能力的农业科技推广人才。未来，应加强对农业科技人才的培养，确保他们在农业科技成果的转化中发挥关键作用。

二是加强产学研协作。为进一步提升农业科技成果的应用效果，应强化农业企业、高校和科研机构之间的合作。构建以农业企业为主导的农业科技创新体系，促进产学研之间的深度合作。激励农业企业加入重要的农业科技研究计划，有助于更好地满足市场需求，推动农业科技成果的转化和应用。

（三）提升农产品电子商务比例

随着互联网的普及与发展，农产品销售渠道越来越多元化，农产品的销售模式正逐步实现从传统销售模式到现代销售模式的转型，这种模式的推广能够显著提高农产品质量，还能实现农业产销的高效对接，减少农业产销成本。一是成立农村电商协会，为各方提供一个沟通与合作的平台。在监管方面，协会将加强与政府的合作，共同打击假冒伪劣产品，维护市场秩序。在品牌建设上，协会采取一系列措施助力打造具有地方特色的农村电商品牌，提升农产品的市场影响力和附加值。二是与多个电商平台签订协议展开合作，利用直播等方式提升农产品销量，增加农民收入。三是构建网络社区，将社区成员视为农业经济发展的重要力量，通过社区推广农产品，拓宽销售渠道。

（四）创建农产品品牌

一是农产品品牌培育。农产品品牌培育需要从多个角度来审视和挖掘农产品的内在特质，从而提炼出与众不同的品牌卖点。通过对农产品品牌价值的深入探索，为农产品赋予更多的文化内涵和情感共鸣，提升其在市场上的竞争力。林荣清（2008）曾指出，树立农业品牌的核心在于推动农业标准化建设，并加强对农产品地理标志的保护。马增林（2012）认为地理标志不仅能促进同一地理标志下的农产品在可生产区域形成"集群效应"，还能推动产业集群的发展。综上所述，农产品品牌的塑造不仅是对产品功能的展现，更是对文化、地域情感等多方面的深度挖掘和传播。明确品牌的核心价值，以及结合地理标志和进行标准化建设，可以有效提升农产品品牌的影响力和竞争力。

二是农产品品牌的打造。品牌打造包括品牌主体、打造路径及打造模式等多个步骤，这些步骤共同构成了品牌打造的完整框架。郭翔宇（2023）认为中央政府应增加对采取积极干预策略的地方政府的奖励，促使地方政府分阶段、有重点地推动农产品品牌建设。黄彬、王馨（2019）认为，强化农产品品牌形象的关键在于品牌价值要素的构成、创新及宣传。综上所述，农产品品牌塑造需综合考虑多方面因素，包括政府的角色、区域与企业品牌的协同、品牌价值的构成与传播等。整合这些要素可以有效提升农产品品牌的形象与影响力。

三是农产品品牌的传播。在当前互联网新媒体蓬勃发展及政策扶持的背景下，提升农产品品牌的知名度和认可度显得尤为重要。品牌价值和效应的传播是提高品牌竞争力的有效手段。叶敏（2013）提出品牌宣传对推动品牌发展的重要性，企业需要以多种有特色、有新意的方法来增强品牌的知名度。卢黎歌和昌广利（2020）提出农产品品牌传播力的评价指标体系，找出了对传播力影响最大的因素。综上所述，农产品品牌的创新传播需要综合运用多种传播手段，加强品牌与市场的对接，同时注重品牌内容的创新和传播效果的评估，以不断提升农产品品牌的传播力和影响力。

四是农产品品牌的管理。农产品品牌管理不仅涉及知名度和认可度的提升，更是一个涉及多方面、多层次的综合性工作。关纯兴（2012）认为需要构建高效的管理机制来确保品牌的持续发展。在新常态背景下，于富喜（2017）认为品牌战略管理是推动品牌发展不可缺失的一部分，各个经营主体不仅需要品牌发展的物质基础，还需要详细的品牌发展战略。楚德江、张明（2021）提出"全能共享"管理模式遏制农户"搭便车"行为，该模式可以推动绿色农产品品牌的健康发展，为品牌建设提供有力的组织保障。综上所述，农产品品牌管理需要从多个维度进行，包括协同管理机制、战略管理理念以及合作社治理机制等，以全面提升品牌效益和核心竞争力。

三、农业社会化服务组织培育路径

（一）"链"中金融机构培育路径

为贯彻习近平总书记提出的"坚持农业农村优先发展"的重要方针，金融管理部门和各大金融机构需从乡村振兴的国家战略高度出发，进行系统性规划和设计，这涉及产业政策、信贷政策、监管准入以及考核评价机制等多个方面的制度创新和流程优化。鉴于农村在国家发展中的基础性、战略性和潜力性地位，金融领域应制定务实有效的政策措施开展服务。在资源配置方面，金融部门需确保农业农村的优先地位，大力支持农村发展。

强化金融服务以推动农业产业化和现代化。通过提供精准的金融服务，推动农业产业链上下游的紧密合作，进而提升农业整体竞争力和可持续发展能力。随着数字化技术的发展，金融机构可以将数字化手段应用起来，构建一条智慧农业产业链。通过智慧农业产业链，金融机构可以确保金融服务能够渗透到农业的每个环节、每个客户群和每个链条。通过这种方式，金融服务不仅能够满足农业产业化大中型客户的多样化需求，还能成为推动中国农业实现现代化、优质化、绿色化、特色化和品牌化目标的引领者。这种全方位、全产业链的金融服务模式将为农业产业的持续、健康发展提供强有力的支持。

优化农村金融服务，支持涉农小微企业与农户。长期以来，农户和各种农村生产经营主体面临着"融资难、融资贵"的问题，由于金融机构在解决这些问题上存在局限性，地方政府应发挥其引导和协调作用，与相关部门紧密合作，共同应对。整合各方资源，加强政策引导和监管支持，可以共同推动农村金融服务体系的完善和创新,确保金融服务更加贴近农户和农村生产经营主体的实际需求,助力农村经济的持续健康发展。

优化农村金融服务网点布局。我国的金融机构一般分布在市级、县级地区,乡镇地区较少。网点稀缺的状况长期以来影响了农村金融服务的发展。金融机构应针对重点地区与产业密集地区,扩大金融服务的覆盖面和便捷性,以提供更加便捷、高效的金融服务,满足农村地区的金融需求。这样的措施可以逐步优化农村金融服务网点布局,提升农村金融服务水平,为农村经济发展提供有力支持。

线上金融服务助力乡村振兴。随着网络系统的不断完善,金融机构得以通过远程服务为广大农村地区提供便捷、高效的金融服务。金融机构也在积极探索线上服务模式,这一模式旨在通过"互联网+"的方式,为农业加工企业和新型经营主体提供一站式的金融服务。通过这些举措,金融机构不仅能够满足农村地区的多样化金融需求,还能推动农村经济的持续发展,实现金融与乡村振兴的深度融合。

加强涉农信贷产品创新以激活农村金融市场。农业产业具有一定的风险性,涉农信贷产品创新受限的问题依然明显。农村固定资产变现能力较弱,同时,考虑到贷款违约情况、贷款额度转移等问题,国内大部分银行和保险机构提供的服务项目多偏于保守,银行在涉农信贷方面投入比率偏低。为了改变这一现状,需要寻找新的一批"低成本、广覆盖、可复制、易推广"的农村金融产品,例如"农业产业化龙头企业产业链融资"等创新产品,聚焦农村金融痛点,为政府、农民和金融机构带来了实实在在的利益。这些创新实践为涉农信贷领域的发展提供了有益的探索和借鉴。

金融助力"三农"发展与乡村振兴的风险防范策略。"三农"的繁荣与乡村振兴离不开金融的支持。在农村的信用环境下,确保金融服务的稳健运行和风险控制显得至关重要。政府部门应发挥主导作用,促进农村信用状况的改善,通过建立信用数据库,为农业生产者建立全面的信用评价系统,帮助他们在金融服务初期就能有效识别和规避潜在风险;大力宣传金融知识,提升农民的金融素养,帮助他们避免金融诈骗;通过政策激励,促进金融机构加大对农业领域的支持力度,为乡村振兴提供强有力的金融保障。

（二）"链"中科研机构培育路径

1. 科研与生产的融合推动创新与发展

科研与生产的融合不仅能够推动科研向更高层次发展，还能促进科研成果转化，为科技进步和社会发展注入源源不断的动力。研究机构在发展过程中，需同等重视基础研究与应用研究，并根据实时的农业产业需求对其自身的发展战略进行调整，以任务为导向展开研究，推动学科发展，注重可以满足农业产业需求的交叉学科类的综合性研究。同时加强对项目申报流程的审核，确保项目预期产出的成果能够符合产业需求，并以公平、公正的态度对产出成果的应用程度进行评价。

2. 全国农业科技成果转移服务中心的运营模式与服务创新

由农业农村部主导，中国农业科学院负责，2015 年成立了全国农业科技成果转移服务中心，创新了成果转化的服务模式，即通过实时了解研究动态，及时发现有转化潜力的成果。此外，还积极收集产品的市场发展现状和企业的发展需求，动态更新科研团队的研究范畴；引入了资产评估、法律、会计等专业服务机构，确保成果转化过程中的各个环节都能得到高效、专业的服务。为使农业科技成果转移服务中心的服务覆盖更广泛、功能更强大，计划打造服务平台网络，通过在一定区域（产业）范围内建设分中心，与总部实现协同运营、统一布局，促进区域产业间的深度合作与发展。

3. 科企合作推动农业科技创新与产业升级

科企合作，特别是产学研的紧密结合，对科技成果转化、促进经济社会发展具有关键作用。农业农村部正努力推动农业科技创新与产业发展的深度融合，针对农业领域的关键科技需求，打造出产学研深度融合的一系列科企联合体。科企联合体产业链覆盖更加广泛，不仅包括科技企业，还包括中下游企业，与产业链的各个主体（如地方政府、金融机构等）构建利益共享机制，确保地方政府的政策优势、研究院的科技优势与企业的市场优势均得到充分发挥。

4. 构建区域创新中心，推动农业科技与地方产业深度融合

为加快农业科技与地方产业的结合，中国农业科学院在新疆维吾尔自治区、黑龙江省、四川省、海南省等地建立了区域创新中心，这些中心不

仅与地方产业紧密对接，深化了地方农业科研的实力，还加速科技成果的商业化进程。引入"三创"（创新、创业、创造）协同发展团队，通过团队的合作与协同，进一步加速技术创新的步伐。优化政策环境，鼓励并支持科研人员积极参与创新创业活动，将科研成果迅速转化为实际生产力。这种模式通过集中优势资源和创新力量，打造了农业科技领域的"小硅谷"，引领未来农业科技发展。

5. 知识产权：创新的动力与转化的桥梁

具有知识产权的技术在转化过程中，其独特的价值优势得以明显展现。为了充分发挥这一优势并推动技术的高效转化，积极鼓励并支持具备条件的研究所打造专业的知识产权战略。可以提高收益分配比例，以鼓励科研人员积极投入创新活动。要加强知识产权管理，完善知识产权制度，优化知识产权运营机制，为科研人员提供更好的创新环境和保障，激发他们的创新热情，推动科技成果的转化和应用。

6. 强化科技成果转化资金支持，弥补中试阶段短板

在科技成果转化的过程中，许多优秀的成果由于缺乏有效的过渡平台，难以从实验室顺利走向产业化。为应对这一问题，资金保障策略需"两手并进"。一方面，科研院所在分配经费时应优先考虑具有较强理论支撑、较显著实践效果的项目。同时，还需加强科研经费管理和监督，确保经费使用的合规性和有效性。另一方面，院所应积极利用各类基金，包括科技成果转化基金，为科技创新成果提供必要的资金支持，共同助力科技创新与产业升级的深度融合。

（三）"链"中互联网机构培育路径

1. 强化互联网基建，助力农业产业化发展

2018年2月，中共中央、国务院印发《乡村振兴战略规划（2018～2022年）》，提出加大农村地区电商物流基础设施建设投入力度，加速实现城乡基础设施互联互通。首先，提升通信基础设施的效能，政府应扮演关键角色，积极推进5G网络的全覆盖，大幅增强通信网络的覆盖范围和传输速度。其次，政府要加大资金支持，促进农村物流现代化，提升农村物流的效率和便捷性。最后，解决当前农村电商物流基建中存在的不足和短板，政府应制定相关的支持政策，如提供物流基建补贴、提升农产品冷

链仓储设施的集约化水平等，为农业产业化进程提供坚实的物流保障。

2. 加强电商物流监管与数据共享，推动农业产业化发展

一方面，政府相关部门应在电商领域建立相关的信息监管制度，保障信息的安全，增强产业链各主体对彼此的信任。另一方面，政府相关部门应在电商领域建立相关的数据共享制度，促进信息流通并提升农村电商物流的竞争力。此外，为了提升乡村地区物流运输的规范化、高效化、安全化和标准化，当地的物流企业应携手中国标准化协会，合作建立一套统一且标准化的物流运输体系。这一系统的应用，不仅可以提高物流运作的效率和准确性，还可以为电商物流交易主体提供更加清晰、透明的信息，为农业产业化进程中的电商物流发展奠定坚实基础。

3. 强化电商物流体系，助推农业产业化发展

完善的电商物流体系对于推动农业产业化发展具有重要意义。要通过政策引导和资金扶持，加快农村电商物流网络体系的建设，提升农村地区的物流服务水平。政府部门应合理布局服务网点，优化网络覆盖，以提升电商物流的运营效率。同时，加强农村电商物流的发展，与中国邮政合作建设农村物流配送中心、仓储中心等基础设施，打造高效、便捷的物流通道，促进农产品的流通和销售。

（四）"链"中品牌创意机构培育路径

1. 注重培养客户的忠诚度

随着经济的蓬勃发展和各行业对品牌传媒信息需求的持续增长，品牌创意机构面临着更加多样化的市场需求。这就要求机构在服务过程中，不仅要深入了解不同行业客户的独特需求，还要根据这些需求制定个性化的营销策略，确保服务的质量和效果。品牌创意机构必须坚持客户至上的原则，通过细致入微的服务，逐步建立起客户的信任和忠诚度。

2. 注重实施全程客户服务

品牌创意机构应提供全程服务，从初步的品牌媒体设计到最终的投放计划，机构都应给予客户专业的指导和建议。营销人员不仅要在设计和投放后保持跟进，还要根据客户的经营状况和品牌效益，灵活调整品牌设计，以满足客户的需求。

3. 加强中小型客户合作

品牌创意机构应特别关注中小型客户。这些客户虽然规模不大，但往往具有巨大的潜力，机构应该根据中小型客户的需求，提供适合的产品和服务，帮助他们实现品牌价值的最大化。机构通过长期的合作和优质的服务，可将这些中小型客户转化为忠诚的稳定客户，为机构的长期发展奠定坚实的基础。

第二章 农业全产业链数字化改造提升

　　根据联合国粮食及农业组织（FAO）的预测，到 2050 年世界总人口将达 91 亿人，面对该形势，届时粮食总产量（不含用于生物燃料的粮食）必须提高 70%。在此情形下，实现农业全产业链正常运作、提高农业经济生态价值、保障粮食供需平衡与安全显得至关重要。

　　面向未来，加强数字化技术创新与应用将成为提高现代农业生产经营与管理能力的关键举措。进一步来看，通过强化物联网设备、云计算平台、大数据分析平台等数字化基础设施建设，提升农业全产业链各环节的智能化水平，提高农业数据采集、分析和应用能力，将有效提高农业生产效率，减少资源浪费，提高农产品质量和降低农业生产风险。从我国国情农情出发，农业数字化已成为全面提升农业生产力的重要发展方向之一，推进农业全产业链数字化改造对实现农业现代化、规模化和效率化发展具有重要意义。尤其是在乡村振兴和农业现代化发展的大背景下，农业数字化站在了"政策的风口"上，顶层设计也为农业数字化制定了明确的目标与时间线：2025 年，农业数字经济占农业增加值比重达到 15%，农产品网络零售额占农产品总交易额的比重达到 15%，农村互联网普及率达到 70% 以上。[①]

　　数字化是推进农业全产业链建设、促进三产融合发展的催化剂和黏合剂。面对新形势、新格局、新任务，必须锚定建设农业强国目标，深入推进农业供给侧结构性改革，全面加强农业全产业链数字化改造提升。因此，本书首先系统梳理了农业全产业链数字化改造提升的定义、研究进展

---

① 《数字农业农村发展规划（2019－2025 年）》，https：//www. moa. gov. cn/govpublic/FZJHS/202001/t20200120_6336316. htm.

及发展现状，接着厘清并分析了农业全产业链数字化改造提升的前因，然后从理论和实践层面探究了农业全产业链的数字化改造提升路径。最后，本书从政策体制、基础设施建设、科技创新、金融财政支持、数字人才培养等方面提出农业全产业链数字化改造提升的对策建议。

第一节　农业全产业链数字化改造提升的定义及研究进展

一、农业全产业链数字化改造提升的定义

农业全产业链数字化改造提升旨在运用大数据、区块链等新型数字化技术对育种繁种、种植养殖、收割存储、加工流通等农业生产全过程进行改造，充分发挥数据采集、传输、分析和决策等功能，实现农业全产业链各环节实时、高效、精准的协调管理与智能决策，推动农业价值链增值（李国英，2022）。从农业数字化改造提升的具体表现来看，育种研发环节主要建立优质种质资源信息库，利用数字技术筛选耐病性强、抗逆性强、产量高的优质品种；种植养殖环节主要是利用物联网、大数据、遥感等技术进行施肥、灌溉、除草、防治病虫害等精准化田间种植管理，开展饲料配置、环境监测、疾病监控等科学化养殖管理；加工存储环节主要是利用人工智能、大数据等技术降低生产工序烦琐程度，借助机器人和无人机进行智能生产，并通过数字温湿度控制技术进行保鲜保质仓储；流通销售环节主要是建立农产品生产管理系统、质量追溯系统和智能物流系统，提高农产品生产流通效率和客户满意度；综合服务环节主要是利用数字技术开展品牌营销、融资保险、农民培训等多元化服务，保障农业全产业链各主体生产经营的顺利开展。通过现代数字化技术改造提升农业全产业链，建设农业生产全流程数字化管理与决策系统，可以有效提高农产品质量和农业生产效率，降低生产成本和环境污染程度，提升农民收入和农业可持续发展能力。

二、农业全产业链数字化改造提升的研究进展

宏观层面，数字技术与区域农业高质量发展密切相关，杨军鸽等（2023）基于我国省域面板数据，证明了数字技术对农业高质量发展具有显著的正向推进作用和空间溢出效应，尤其是在经济欠发达地区，数字技术对农业高质量发展的赋能作用更加强烈。基于农业高质量发展的生态效益维度，数字技术在区域农业绿色发展中发挥着不可替代的作用。林玉妹等（2023）认为省级数字农业的发展有效提高了农业绿色全要素生产率，尤其是对沿海地区和非粮食主产区的促进作用更加明显。樊胜岳等（2021）就数字化水平与农业绿色发展的关系提出了不同的观点，认为二者并非线性的正向促进关系，而是先增长再降低的倒"U"型关系，即在一定规模下数字技术能显著推进农业绿色发展，但是过度的数字化改造提升可能对区域农业绿色生产带来一定的负面影响。当下，我国农业数字化与绿色化的时空耦合关系呈现出明显的区域异质性特征，主要受区域科技创新能力和经济发展水平等因素影响；以胡焕庸线为界，向东区域需要提高农业绿色化水平，向西区域需要提高农业数字化水平（王恒等，2023）。微观层面，涉农企业加强数字创新能力，构建与完善数字化组织结构，能够显著提高其盈利水平（邱浩然等，2022）。同时，数字化信息技术能够有效提高农户对农业绿色生产的认知能力，实现农业资源要素的合理配置，并提供多元化的数字金融信贷产品，为农户开展绿色低碳生产行为注入新动力（黄晓慧等，2023）。

为了明确农业全产业链数字化改造提升方向，需要正确把握区域数字农业发展现状与空间差异、农业生产经营各环节数字化技术应用程度，厘清不同区域、不同品类、不同环节农业数字技术利用存在的问题。从区域数字农业发展的时空变化来看，2011~2020年我国农业数字化整体水平表现出逐年上升趋势，但是地域空间格局始终呈现出"东部高于中部和西部"的差异特征（苏锦旗等，2023），这主要因为受到区域技术研发创新能力、经济社会发展水平等关键要素的影响（周恩宇等，2024）。围绕不同类别的农产品供应链，学者们就其数字化改造提升开展了深入的研究。以粮食全产业链为例，其数字化改造提升的路径应以完善数字化基础设施

强化产业链上下游主体间的衔接，以构建产业化联合体培育数字共生系统，以平台化运营管理规范生产销售流程，以政策制度改革优化产业数字化发展环境（刘婷，2023）。值得注意的是，当前我国农业全产业链的数字化改造提升仍面临着诸多现实困境，如数据共享与安全保护机制尚不健全，农村地区智能农业技术装备的推广与应用有待增强，农业数据的应用场景与决策分析能力有待提高，农民专业数字素养有待提升（何睦等，2023）。

关于农业全产业链数字化改造提升的发展路径探索，杜永红（2023）立足于我国国情农情，强调推进农业规模化、标准化与品牌化发展，从农业生产、流通、营销等环节加强数字化改造，推动一二三产业深度融合发展。为了充分发挥数据要素与技术要素对农业全产业链发展的赋能作用，需要加快完善农业农村数字基础设施网络，加强农业数字技术创新与应用，提高各类主体数字素养与技能水平（何睦等，2023）。当下，依托新兴数字技术，农业全产业链的数字化改造正在加快推进、发展模式正在不断创新变革。在"互联网＋"背景下，农业数字化信息平台的建设与应用，使农业全产业链中各环节的运作流程更加透明、各主体间的关系更加紧密（李仪，2016），已经形成了"纵向一体化＋电商平台""水平多元化＋服务平台""新零售＋品牌"等多种创新发展模式。

三、农业全产业链数字化改造提升的发展现状

（一）支持政策体系逐步构建，发展环境不断优化

根据"十四五"规划，2021～2025 年我国农业亟须加快数字化发展，完善科技创新体系，推进智慧农业建设，持续提升现代农业生产的质量效益与市场竞争力。在"十四五"开局之年，中央一号文件明确指出要强化现代农业科技和物质装备支撑，实施数字乡村建设发展工程。从中可见，推进 5G、移动互联网技术建设与应用，已成为加快实现农业农村现代化的关键举措。2024 年，中央一号文件更加鲜明地指出要强化农业科技支撑，强调要发挥数字化赋能引导作用，重点落实农产品培育、智能农机装备、设施农业、农业生产监测预警等有关数字技术在农业领域的深层次、全方位应用。当下，中国数字经济发展环境持续优化，根据《数字

中国发展报告（2022 年）》，2022 年全国数字经济规模达 50.2 万亿元，占 GDP 比重达 41.5%。随着我国加快推进产业数字化与数字产业化进程，数字技术在农业生产领域的应用程度也在逐渐加深，农业全产业链上下游间各类要素的数字化转型与升级也进一步推进。顶层设计的强化，使农业发展支持政策体系持续完善，农业全产业链数字化改造的环境越来越好。

（二）农村新基建提档升级，基础支撑逐步强化

我国农村数字基础设施建设不断加强与改善，根据中华人民共和国工业和信息化部公开数据，截至 2023 年末我国农村互联网普及率超过 60%，农村宽带接入用户达 19 189 万人，较 2021 年的 15 770 万人增幅约 21.68%，5G 技术基本覆盖了 90% 以上的乡镇区域和重点行政村。[①] 农村新基建的提档升级有效促进了农业全产业链不同环节的数字化转型发展，《数字中国发展报告（2022 年）》显示，2022 年农业生产信息化率在 25% 以上，生产经营各环节的数字化技术应用相较于往年均有较大的进步，其中近 50% 的受访者认为农业销售、种植领域的数字化转型力度较为明显，同时近 40% 的受访者也认为数字技术在农业加工、养殖等环节的发展赋能作用也在增强。从我国不同地区数字乡村建设情况来看，数字乡村整体发展水平呈现由东向西逐渐递减趋势，浙江省、上海市、江苏省、山东省等东部地区的数字乡村发展水平排名靠前（许敬辉，2023），其 5G 技术在内的数字信息基础设施建设力度较强、覆盖范围较广，有效支撑了区域内农业全产业链的数字化改造提升。

（三）农业数字技术加快发展，创新动力显著增强

新兴数字化技术改变了传统生产模式，其在农业生产经营中的创新应用不断深化。数字化技术在智慧农业中的应用场景不断拓宽，5G、物联网、大数据、北斗系统等技术大力推动了农业全产业链不同环节的数字化转型升级，可以充分满足农作物智能化种植、监测与养护需求，实现农业数据快速分享与决策分析，保障农产品新鲜程度与质量安全。同时，我国

---

① 中华人民共和国工业和信息化部，https://wap.miit.gov.cn/.

农业无人机技术创新水平已处于世界前列，能够全面保障智慧（无人）农场中水稻插秧、施肥喷药等作业流程的无人化自主经营管理，以数字化技术创新应用加快推进智慧农场建设已成为农业高质量发展的重要方向。从我国农业领域的科技投资情况来看，根据《2022 农业科技投资图谱》，2017～2022 年第一季度，我国农业科技投资累计金额接近 200 亿美元，仅次于美国，位居全球第二。从全国农业科技投资的空间分布来看，大额投资主要集中在北京市、广东省、上海市、江苏省等经济发展水平相对较高的省份，辖区内政府部门、涉农企业用于农业科技创新的投资金额也相对充足，农业生产经营中的技术创新动力较为强劲。

（四）农业数据资源高速增长，数据应用全面提升

我国农业数据资源的整合与利用能力不断提升，有效增强了农业全产业链价值创造的潜力。21 世纪以来，我国每年均编制并出版了《中国农村统计年鉴》，各年鉴详细涵盖了当年全国和省级行政区域有关农业生产、生态环境、进出口贸易等重要指标数据，该数据集被广泛应用于"三农"领域学术研究、指导区域农业产业结构调整与生态环境可持续发展。为了进一步盘活农业农村数据资源，我国于 2021 年成立农业农村部大数据发展中心。该中心积极响应国家农业农村信息化发展要求，于 2022 年正式研发上线农业农村大数据公共平台基座，形成一套标准、八大模块和 N 应用的"1＋8＋N"产品形态，充分保障跨区域、跨行业、跨部门、跨环节的数据互联互通、共享应用与安全保护。截至 2023 年，已有重庆市、河北省乐亭县等区域借助该平台推进数字乡村与智慧农业发展。同时，中心正加快推进国家级大数据平台建设，深化与地方单位交流与合作，全面提升农业数据应用水平，已与银联数据、河北农信等多家单位签订战略合作协议，重点聚焦"三农"领域普惠金融、场景金融建设，破解"三农"信贷难题。

（五）各类试点工程扎实推进，优势经验持续推广

近年来，我国各类农业农村数字化改造提升工程加快推进与落实，形成的优势经验被广泛推广与借鉴。"十三五"时期，各地区、各部门协同推进农业数字化发展，尤其是 2017 年全国层面开展数字农业建设试点，

加强田间种植、畜禽养殖等多个农业生产环节的数字化改造提升，重点推进重要农产品全产业链大数据中心等项目建设，在数字农业试点建设中形成了一批优秀的典型发展模式。2020 年我国确立首批国家级数字乡村试点地区，强调要制定与完善乡村数字化发展规划，加快完善农村新型数字信息基础设施建设，探索数字乡村新产业、新业态、新治理模式。这些数字化试点工程充分发挥了数字基础设施、数据要素在农业生产经营中的降本增效作用，并为"十四五"时期推进农业全产业链数字化发展奠定了良好基础。从地区数字农业试点工程来看，黑龙江省、江苏省等省积极开展数字农业发展、农业数字化建设实施方案，数字农业试点县、农场数字化标杆建设工程等项目顺利开展。同时，2023 年无锡市正式上线全国首个"部—省—市—县"四级农业农村大数据互联互通试点，实现了农业数字信息库创建以及数据多场景应用等功能。

第二节　农业全产业链数字化改造提升的前因分析

一、农村新基建推动农业生产模式转变

农村新基建以数字化技术手段更好地整合与配置农业生产的各类要素，是推动农业生产向集约智能、绿色高效发展的重要支撑。一是新基建能够推动农业生产、加工、流通等多个环节的智能化装备应用，削弱原材料、能源、农村劳动力等资源的使用，有效提高农业生产要素投入产出效率，释放农村劳动力参与其他产业发展。二是新基建有利于推动社交媒体、农业农村数字平台的快速发展，有效打破了农业全产业链各环节的信息壁垒，使农业生产有关信息能够跨部门、跨区域地高效分享，促进各个市场主体间的紧密联结与协调配合。三是新基建有助于推动农村地区广泛开展农产品精深加工，提高农产品附加值，同时借助 5G 等新型基础设施深入挖掘农村文化资源、旅游资源等价值，能够增强农业农村商业化能力，持续提高农村产业发展水平，增加农民收入。

二、数字技术赋能农业多元化功能实现

(一)大数据技术重塑农业价值链

大数据技术能够大幅度提升农业全产业链管理与决策的效率,发挥数据要素资源在农业全产业链中的价值创造功能。一是大数据技术提高了农业生产决策的准确性与科学性,利用大数据技术可以快速整理与分析农业生产中的各项数据,如农作物长势、生长环境变化等,不断强化农业生产过程的管理与监督,及时加强温度、湿度、肥力调控与进行病虫害防治。二是大数据技术推动了农业产业结构调整升级,通过大数据技术能够准确分析当前不同农产品的市场交易情况,并纳入政策、消费偏好等诸多可变因素,合理地预测未来农产品的需求量,进而及时向农业生产经营者传递市场需求变动的潜在收益与风险,使其调整农业种植结构、加工比率,有效防止生产过剩或短缺。三是大数据技术增强了涉农企业的核心竞争力,借助大数据技术,涉农企业可以大大提高其生产加工作业质量,强化企业市场营销能力,保障农产品从生产到消费全流程的可追溯性与安全性,全面增强自身精细化运营管理能力。

(二)物联网技术推进农业产业集聚

物联网技术能够在农业全产业链管理中充分体现其智能、安全与实时性等优势特点,是推动农业产业集聚的关键技术之一。(1)物联网技术丰富了农业生产与监管模式,将该技术与无线传感等技术结合使用可以满足远程监管需求,并将孤立且分散的农业生产数据整合至网络云端系统,实现农业集约化、规模化生产以及动态化、智能化监管。(2)物联网技术的应用优化了农业全产业链各主体间土地、生产材料、劳动力等要素配置,并为农业产业集聚创造了优势条件。现代农业产业示范园区作为物联网技术集成应用与示范的重要载体(李国英,2022),也是农业全产业链中关键节点企业的集聚中心,通常集种植、养殖、加工、销售、研究与服务于一体,依托物联网技术可以有效实现园区内各类农产品信息的实时监管,持续推进农业集群化、产业化发展。(3)物联网技术能够将园区与外部企业、消费者、科研机构、高校等有效连接起来,通过互联网平台,不同产

业主体可以进行实时互动、快速反馈，形成紧密的价值共创、技术共研、资金互助关系。

（三）区块链技术打破农业信息约束

区块链能够以分布式存储技术打破农业领域信息壁垒与约束，是农业全产业链数字化发展的重要技术支撑之一。（1）在传统农业全产业链中不同环节的信息往往是割裂的，信息的不透明极易产生农产品质量难以溯源、消费者对农产品质量认可度不强等诸多问题。而区块链技术能够记录农业全产业链所有环节产生的数据，并形成一个共享、难以篡改的信息库，增强农业信息的透明度，能有效地破解食品安全、产地认证、溯源和信息不对称等问题。（2）作为重要的信息技术载体，区块链技术与物联网、云计算等技术融合使用能够促进上下游企业间数据共享、决策共商，降低时间延误等成本，更大限度地激发农业全产业链数据价值。同时，区块链技术增强了农业全产业链各主体间的信任程度，通过智能合约，各主体间能够开展便捷化的交易业务活动，高效地促进资金流、物流、信息流的合理有序流转，减少中间环节的交易费用，全面降低农业全产业链的管理成本。（3）区块链技术推进了农村金融和农业保险的快速发展，应用该技术可以增强银行等金融机构与国土等农权管理部门间的信息连接，实现农村住房财产权、林地承包经营权等可抵押物的数字化监管，提高农业资产的流转与融资速度，降低银行等金融机构的放贷风险。同时，综合运用区块链技术与传感器等智能设备，可以及时获取农业灾损数据，并通过智能合约大大提高农业保险理赔效率。

三、新型销售模式改变农产品供需关系

数字技术正深刻地改变着传统销售模式，有助于增强销售商分析消费者购买行为、把握市场变化趋势的能力，并能够以个性化的方式满足消费者多元化的需求。（1）依托电商平台、社交媒体、网络广告等新型销售渠道，以"农产品＋电商""农产品＋社群""农产品＋网络认养"等为代表的"互联网＋农产品"的销售新模式不断创新与发展，有效改变了传统农产品以线下批发为主的交易方式，进一步促进了农产品"出

村进城"。（2）基于数字技术的电商平台使消费者与销售商之间的沟通与互动更加直接便捷，销售商在农产品营销过程中可以根据消费者的需求与偏好制订个性化的服务方案，有效提高消费者的满意度与忠诚度，并进一步强化农产品的品牌知名度与市场影响力。（3）在"互联网+"背景下，农产品的市场供需关系发生了明显变化。销售商借助数字化手段可以深入挖掘消费者的购买数据，科学合理地预测未来市场需求并做出快速响应，进而实现农产品的精准供给。同时，新型销售模式下农产品的供需匹配需要更为高效、便捷、安全的物流运输来予以支撑，在流通过程中以数字化手段保障农产品新鲜程度、流通效率和经济效益显得至关重要。

四、数字惠普金融破解农业筹融资难题

数字普惠金融将数字技术与惠普金融相结合，能够为农业全产业链各主体提供便捷化的金融服务。（1）农村金融市场仍面临相对严重的信息不对称问题，农民素质参差不齐，可用的融资抵押物较少或者价值较低，农业融资风险也相对较高。而银行等金融机构可以借助区块链、大数据等数字普惠金融技术，快速甄别农户、涉农企业等借款方的信用状况和还款能力，评估其贷款风险，进而最大限度地为借款方提供信贷资金支持。（2）农业生产受自然气候、产业政策等多种因素影响，其利润空间相较于其他行业往往较低，金融机构更倾向于投资盈利更高的行业，同时农村地区的金融机构为农业生产提供直接融资服务的能力也相对有限。而数字普惠金融有效克服了地理空间障碍，能够广泛地覆盖到偏远、落后的地区，简化农业贷款与保险等业务流程，为农业生产经营者提供专业化的数字金融产品与服务，同时也能够广泛吸引社会资本投入农业生产、乡村基础设施建设、乡村旅游等诸多领域。（3）数字普惠金融拓宽了"三农"领域场景金融建设维度，金融机构可以借助数字化手段挖掘涉农特色场景的潜在客户，并通过移动终端设备为客户提供全天实时在线服务，有效降低金融机构运营成本和客户交易费用。

第三节　农业全产业链数字化改造提升路径探究

一、理论层面

农业全产业链数字化改造提升应充分发挥数字技术高时效性、易存储性、强互动性、广传播性等特点，将其嵌入农业全产业链生产的各个环节，从而不断变革农业生产组织方式和经营管理模式，实现农业生产相关的劳动力、土地、资本等要素资源的价值化。在数字化改造提升过程中，应重点以数字技术打通"育种研发—种植养殖—加工存储—流通销售—综合服务"全链路，打破农业全产业链上下游主体间的数据和信息壁垒，实现资源要素共享、供需精准匹配、产业集群共生和价值共创。

（一）育种研发环节数字化改造提升路径

1. 优良种子基因智能筛选与改良

强化科技对育种工作的赋能力度，以数字化技术手段攻克育种领域的难题是当前农业科技研究的重点方向之一。（1）在实际种子基因测序中，采用高效率的基因测序仪器和强大的数据处理、存储设备，保障基因测序工作的顺利开展。同时，不同基因分型技术的应用场景、成本效益和物种适宜性等也存在明显的差别，仍需持续研发高通量、低成本的基因分型技术以满足不通过作物的 DNA 序列检测。（2）利用大数据技术对种子抗病性、耐旱性等基因的历史数据进行预测和模拟分析，并借助人工智能、机器学习等技术辅助寻找具有特殊功能的优良基因，持续提升农作物的抗病、抗虫、耐旱等性能，培育高产稳产的粮食作物，有效解决气候变化与人口增长带来的粮食短缺问题。

2. 优质种子资源智慧识别与挑选

利用数字技术识别和挑选优质种子资源，具有速度快、准确度高等优势，可以有效提升种子筛选效率，保障农业生产的种质资源安全。一是在种子识别与挑选过程中，采用传感器等智能设备快速高效地收集并存储不同种子大小、颜色、形状等外部特征数据以及蛋白质、水分、脂肪含量等内部特征数据，并借助大数据技术进一步清洗、整合和分析种子特征数据。二是利用近红外光谱分析等技术评价种子的质量特征，更好地识别优质种子资源。同时，根据收集的海量种子特征数据，利用人工智能技术，融合图像识别分析和自动化控制等技术，建立种子自动化筛选分类系统，进而实现优质种子的精准挑选。

3. 研发工作流程数字监督与管理

数字化技术应用能显著提升农业研发环节的监督能力和管理效率。一是建立科研管理数据平台，收集存储和有条件地共享各个研发项目的实验数据和研究成果，有效降低基础科学研究中不必要的重复性工作。二是利用数字信息技术加强对实验设备、实验过程等的有效监控，并建立相应的风险预警机制，杜绝可能存在的安全隐患或研发风险，保障科研实验的安全。三是借助人工智能和大数据分析技术，不断优化研发资源配置，科学地调度人员和设备，同时借助现代通信技术加强科研的远程协作与监督，全面提升科研效率和质量效果。

（二）种植养殖环节数字化改造提升路径

1. 农田数字化系统管理与运行

数字化农田管理是指利用物联网、无人机等现代技术手段进行管理，以推进农业种植环节向高效化、低成本、绿色化等方向转型发展。一是在农田生产管理过程中，借助无人驾驶拖拉机、自动喷药机等智能设备开展高效的喷药、犁地以及收割等农事操作，减少劳动力资源投入，有效提升农业种植环节的作业效率。二是应用无人机和遥感等信息技术快速识别农地实时的覆盖状况、用地利用变化，借助传感设备等精细化数字技术实现对农作物生长状况以及土壤湿度、气温、光照等外部环境变化的实时监测，辅助生产者制定合理的灌溉、施肥和喷药等措施。三是加快农田数字化设施提档升级，提高农田作物生长、气象、水文等信息检测的准确度，加强农田作物病虫害预测和防治能力，并采用自动化设备执行生产决策，以有效实现农户的精细化种植，降低化肥农药等资源的投入成本，提高农业种植端的管理和决策效率，促进农业种植户收入的可持续增长。

2. 养殖信息化技术推广与应用

现代信息技术改变了传统禽畜、水产养殖的管理模式，能够有效节省人力，减少能源损耗，降低禽畜患病率，提高养殖产业整体效益。一是推进智慧养殖平台建设，通过物联网和无线传感器监测养殖环境参数，并将数据实时传输到云端，以便于查看和调整养殖环境，同时借助智能信息化技术也能够对禽畜、水产相关监测数据进行分析与预测，进一步感知疾病暴发风险，及时调整生产管理策略。二是采用无线射频识别技术识别禽畜身份，跟踪禽畜行为特征、生长趋势、疾病历史等个体信息，并在禽畜健康管理中加强成本低、操作方式便捷的身份标识技术研发与推广应用，持续推进养殖产业数字化转型发展。三是根据畜禽、鱼类的生长状况，采用自动化饲喂系统精准设定投喂时间和投喂量，满足畜禽、鱼类不同成长阶段的营养摄入需求，保障其在正常生产周期达到产能目标。

（三）加工存储环节数字化改造提升路径

1. 加工生产技术装备创新发展

提高农业加工生产的技术水平是持续提高农产品附加值、提升产品质量与安全的重要保障。一是将自动化技术用于农业加工生产的筛选、清洗、研磨、配料、包装等环节，有效减少劳动力投入，提高农产品生产效率。同时，在精细化生产管理中不断收集农产品生产加工全流程的翔实数据，并借助大数据技术手段分析历史数据，以不断调整生产原料配比、制程参数和作业流程，全方位提高产品质量。二是加强对农产品加工生产流程的监督与管理，采用物联网等技术实时了解生产线运行状态，并利用人工智能等数字技术实现产品的自动检测与分类，精准地筛选出质量不达标的瑕疵产品。三是深入推进农业深加工，持续增强农业数字化生产加工装备技术研发与创新，提高国产装备生产能力，依托云计算、大数据等信息技术改造农业生产加工管理模式，优化生产加工资源调度与配置。

2. 存储保鲜技术体系迭代升级

采用数字化技术手段增强农产品存储保鲜能力对保障农产品质量安全和降低损耗至关重要。一是通过智能感知设备，如温度传感器、二氧化碳气体浓度传感器等，对农产品存储环境和状况进行实时监测，做到科学准确地控温、控湿与控氧。二是对农产品各类监测数据进行深入挖掘和分析，把握不同品类农产品贮藏条件和存储周期规律，及时预防农产品过期腐败风险。同时，应用人工智能、图像识别和机器视觉等方法智能识别农产品的成熟度与质量，并借助自动化技术实现农产品分类存储保险。三是研究开发新型抗菌抗损包装材料，加强生物保鲜技术应用，利用天然食品保鲜剂、生物防腐剂等对农产品进行保鲜处理，采取紫外线灭菌、臭氧消毒等方式清洁农产品，增强农产品的抗腐败能力，延长农产品的保鲜期。

（四）流通销售环节数字化改造提升路径

1. 智慧冷链物流模式选择与应用

在农产品流通过程中，应持续推进智慧冷链物流模式应用，不断增强农业产业链供应链上下游间的联动效应和集聚效应，切实提高产业抗风险能力和主体议价能力。一是加快整合核心 5G 网络、大数据、区块链等技术，持续加强农业农村物流新基建。以市场需求为导向，重点布局与优化田头仓储、初加工等产地田间冷链物流设施，保证生鲜农产品季节性采收不受减损，持续提高生鲜农产品品质与市场竞争力。二是通过无人机、大数据等现代信息技术，加强农产品冷链物流运输规划和组织运营决策能力，实现物流订单实时跟踪，提升物流履约能力和客户满意度。三是借助数字化、标准化、智能化技术，共建规模化、集约化智慧物流平台，推进农产品物流资源高效整合和物流信息及时共享，制订切实有效的冷链物流方案，优化运输路线，提高风险预警和应对能力，防止农产品过早熟化。同时，积极使用具备温度传感器、湿度传感器等设备的运输车辆，实时监控运输过程中冷藏车制冷保鲜的环境参数，确保产品的完整性和品质。

2. 电商平台销售体系规划与建设

电商平台的出现改变了农产品批发零售等传统模式，也为消费者带来了更直接、更多元的购物体验。（1）为了更好地促进农产品销售，加强市场调研和数据分析，了解并定位产品销售的目标市场和潜在客户，要选择适合的电商销售平台，如自建的农产品电商网站、淘宝等大型电商平台、社交媒体或者移动应用等，同时针对潜在客户消费特点，制定个性化营销策略，并通过人工智能等技术提供咨询客服，及时解答客户疑问和处理投诉。（2）在电商平台操作页面中，要不断优化用户体验，建立易于使用、界面友好的购物流程，使顾客在浏览、选择、购买和支付商品时尽可能地简洁、直观，同时推进增强现实（AR）技术、语音识别、图片识别等技术应用，增强消费者对产品的认同感和购买意愿。（3）发挥电商平台作为连接农产品生产者和消费者的桥梁作用，利用电商平台收集并合理利用客户数据，进行农产品销售预测，优化存货管理，有效实现产销对接，降低产品流通过程中的损耗，提高市场反应速度。

（五）综合服务环节数字化改造提升路径

1. 农业品牌数字化运营管理

农业品牌的数字化旨在将互联网、大数据、物联网等技术应用于农产品品牌建设和运营管理，不断提升企业组织内部凝聚力和外部市场竞争力，促进品牌价值的长效增长。一是借助社交媒体、直播、互联网广告、虚拟现实体验等多种手段和形式，鼓励涉农企业创造更丰富的品牌营销方式，突破农业品牌的地域限制，在更加多样化的新媒体平台传播其品牌形象与品牌故事，持续提升品牌的知名度。二是通过社交媒体、官方网站等平台，提高农业品牌的曝光率，加强品牌企业与消费者之间的友好互动，实时了解消费者需求并作出反馈，有效提升消费者满意度，进而提高品牌的优良口碑和推荐率，持续增强品牌的市场影响力。三是利用多元化的数字技术手段，加强品牌建设组织能力，全方位、深层次地打造品牌全景体验，引领消费者认识品牌价值战略、文化战略和关系战略，激发用户对品牌的情感认可，提高消费者的品牌忠诚度。

2. 农业农村金融服务创新升级

从农业农村金融服务的发展来看，数字技术有效变革了金融服务供需关系，农业生产经营者可以基于信用而非资产抵押获得银行等金融机构的贷款资金支持。一是利用大数据、人工智能等技术手段，金融机构可以迅速掌握贷款需求方的实际信息，精准评估其信用和贷款风险，并为其开展农业生产经营活动提供以大数据为支撑的专业化特色信贷产品和服务。二是数字技术突破了传统线下银行网点等金融机构的时空局限，农业生产经营者可以通过手机银行等线上渠道申请贷款、偿还贷款，银行等金融机构也能够快速根据需求做出响应，有效缩短了农村金融交易的流程，降低交易成本。三是基于物联网、区块链等数字技术，实现农产品生产经营全程可追溯、活体抵押物实时可监控，加快推进涉农信贷多维风控模型建设，加强农业生产经营风险、信用风险的监测、预警和处置能力。同时，深入推进农业农村金融服务模式创新，以数字技术赋能农村金融发展，积极探索"金融＋保险＋期货"等模式创新应用，有效规避农业风险，助力农业全产业链稳定发展。

二、实践层面

（一）智慧育种：淄博禾丰种业农作物智慧化育种①

淄博禾丰种业科技股份有限公司以农产品育种研发、种子销售、技术咨询与支持等为主要生产经营业务，先后荣获山东省省级农业龙头企业、5G试点示范企业等多项称号。紧跟数字时代发展步伐，该公司借助人工智能、大数据等技术手段开展小麦育种研发，有效克服了传统杂交育种技术耗时长、筛选慢等不足。在育种研发中，公司采用智能管理系统实现种子资源出入库信息记录，全过程追溯种子产地、质量，利用多源传感器、红外热成像相机等技术获取小麦全生命周期的光谱、图像等信息，实时监测种子生长环境与状态，及时调控育种温度、湿度等关键因素，保障种子发芽率与活性。同时，公司加强与山东农业大学、西北农林科技大学等农业类科研高校合作，采用数字技术手段鉴定作物表型（见图2-1），收集其育种亲本性状等数据，开展谱系分析，筛选出优质种子基因用于培育新品种，并经过可重复性标准试验检测培育的新品种是否真正具有高产高抗等优势特点。公司已成功培育山农27号和齐民系列等多个高产稳产、高抗倒伏的小麦品种，其中省级以上认定品种达30多种，粮食增产累计超过40亿公斤，有效促进了农民增收。

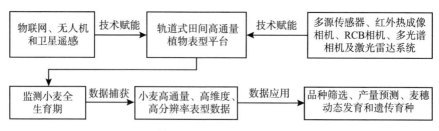

图2-1 淄博禾丰种业作物表型数字化鉴定流程

---

① 案例来源：淄博市供销合作社联合社，https：//coop. zibo. gov. cn/index. html.

（二）数字农田：福建省泉州市"数字农田"平台①

福建省泉州市"数字农田"平台由泉州市农业农村局、福建省地质测绘院等单位联合开发，实现了"天网地空"立体式农田监督与管理。在该"数字农田"平台中，系统界面包含高标台账、以图管田、建中管理、建后管护和灾损保险等多个模块（如图2-2所示）。监管者通过高标台账模块可以实时掌握现有高标准农田的地理位置、面积和投入资金等信息，而以图管田模块包括空间管理和项目管理，该模块可以通过历年遥感影像分析全市高标准农田具体建设项目的空间分布及变化。为了全面掌握新增高标准农田的实际建设情况，建中管理和建后管护模块可以实时记录全市不同县域高标准农田建设项目的任务数、实际完成数、汇总面积与建设进度，大大提高了监管者的质量监管能力。此外，农田管理工作人员可以通过灾损保险模块快速掌握高标准农田的受灾状况，并知悉依据保单内容条款可获得的实际理赔金额。总之，该"数字农田"平台以数字化手段集成

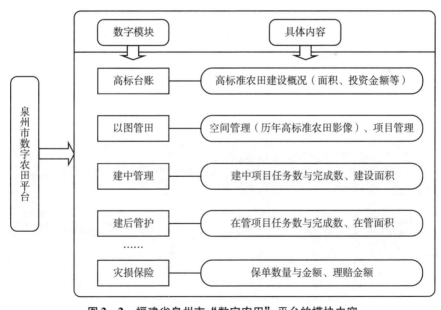

图2-2　福建省泉州市"数字农田"平台的模块内容

① 案例来源：泉州市农业农村局，https：//nyncj. quanzhou. gov. cn/.

了全市各部门与农田管理相关的数据，有效促进了高标准农田建设与管理的区域统筹协调发展，提高了全市粮食产能。

（三）智能加工：正道油业农产品深加工 5G 智慧工厂①

驻马店市正道油业有限公司与中国移动合作共建河南省首个农产品深加工 5G 智慧加工工厂，全面推动传统小磨香油生产向智能化转型发展。移动公司深入将 5G 技术与工业互联网结合，发挥 5G 技术高速率、低时延等优势特点，不断加强香油生产流程中智能制造、远程控制的应用能力。在 5G 智慧工厂中，正道油业已布置工业高速高清晰相机、高灵敏度传感器，并借助"5G + AI 视觉算法"技术，大力提高香油生产的质检效率，其质检作业的主要流程如图 2 - 3 所示。通过 5G 等智慧技术赋能，正道油业的香油生产包装已实现瓶盖喷码、瓶身标签的自动化检测，其检测节拍可达每小时 3 600 个，漏检率由原先的千分之五降低至万分之五，有效解决了传统人工质检中不合格率、返工率较高的问题。同时，视觉算法处理平台也能够迅捷捕捉产品的质量信息，支持产品信息追溯与合格率统计，有助于企业持续改进生产制造工艺，降低质量隐患与维护成本。为了进一步推动香油生产流程的数字化改造，正道油业与中国移动将深化合作关系，加快 5G 技术在古法榨油工艺等环节中的应用，加强企业柔性制造能力，赋能小磨香油加工品牌升级。

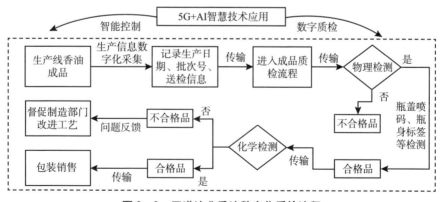

图 2 - 3　正道油业香油数字化质检流程

---

① 案例来源：新浪网，https：//www.sina.com.cn/；腾讯网，https：//www.qq.com/.

（四）智慧物流：日日顺全链条式场景物流服务①

日日顺供应链科技股份有限公司脱胎于海尔集团，是国家5A级供应链服务企业。该公司借助大数据、云计算等数字技术，改变传统单一的居家大件物流服务模式，并通过建设数字化供应链管理平台为用户提供一体化供应链管理方案和场景物流服务，其场景物流发展战略如图2-4所示。为了顺应新零售常态化发展带来的供需关系变化，公司加快布局场景物流以满足消费者个性化需求，已全面提供家电、家居、健身、出行和快消品等场景服务。通过场景物流生态服务平台，不同场景的专业服务人员可以实时与消费者沟通，并为其提供更好的交互定制式生活场景解决方案，进而增强消费者黏性，实现产品服务增值。在运营管理过程中，公司搭建了智慧化供应链运营管理系统，基本实现订单管理、仓储管理、运输管理等关键业务环节的数字化升级改造，实时采集各环节数据信息，跟踪追溯重点作业流程，全面优化物流运输路线，自动生成可视化业务报表，有效提

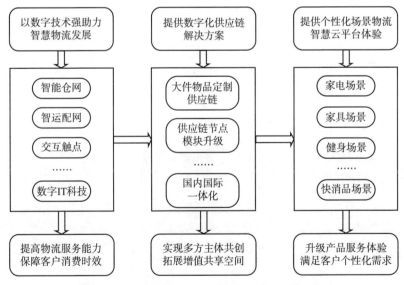

图2-4　日日顺全链条式场景物流服务发展战略

---

① 案例来源：日日顺供应链科技股份有限公司官网，https：//www.rrswl.com/；海尔集团官网，https：//www.haier.com/rrs/.

高了各环节作业效率与衔接水平。2023 年，公司已建成三级分布式云仓，零担日到货率高达 96%，实现超 2 800 个区县配送全覆盖和全国送装服务无盲区，全面提升流通环节效率，持续提高用户的场景物流服务满意度。

（五）数字金融：蚂蚁集团农产品供应链金融①

蚂蚁集团是世界领先的互联网开放平台，可以为农业生产经营主体提供便捷的数字金融服务。2016 年底蚂蚁集团全面推进发展农村金融战略，推出"三年谷雨计划"，联合农业龙头企业为具备一定规模的种养型农户提供综合金融服务，拉动合作伙伴投资和社会资本投资为全国"三农"用户提供全方位信贷支持服务。由于"三农"群体的金融服务需求存在差异，蚂蚁集团形成了三种金融服务模式：数据化金融平台模式、"线上 +线下"熟人信贷模式和"融资 + 保险 + 农业"三方联动模式。其中，"融资 + 保险 + 农业"模式主要是为大型生产经营的农户提供融资服务，从其供应链金融服务模式来看（见图 2－5），当大型农户缺乏生产经营性资金

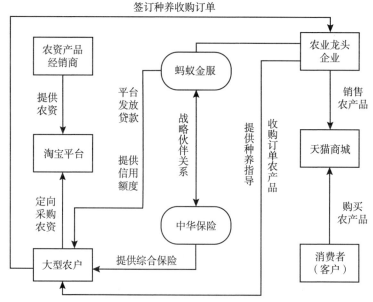

图 2－5　蚂蚁集团"融资 + 保险 + 农业"三方联动农产品供应链金融模式

———

① 案例来源：蚂蚁集团官网，https：//www.antgroup.com/.

时，与其合作的农业龙头企业可以向蚂蚁集团申请信贷支持。该贷款并非以现金形式一次性发放，而是由蚂蚁集团向大型农户提供在淘宝平台购买农资产品的信用额度，以便于其购置生产所需的原材料和农机设备。同时，为了降低农业生产风险，由中华保险为农户提供农业保险服务，并对其种养行为进行监管。最后，由龙头企业统一收购农户种养的农产品，并对其进行生产加工与销售，获得销售资金后再向蚂蚁集团支付贷款本息。

第四节　农业全产业链数字化改造提升的对策建议

农业全产业链数字化改造提升对乡村产业转型升级具有重要的推动和引领作用，有效促进了全产业链不同主体协同分工能力与生产运营效率的提高。为了进一步推进农业全产业链数字化改造提升，各组织应加强统筹领导与协调各部门关系，加大政策体制改革力度，加强数字基础设施建设、数字人才队伍建设、数字技术创新应用，营造良好的数字发展环境。

一、强化组织统筹协调能力，加快数字化人才队伍建设

农业全产业链数字化改造提升需要政府统筹协调涉农企业、涉农高校、农户等多元主体间的关系，保障数字技术能够有效赋能农业生产经营的各个环节。政府应当加快农业全产业链数字化发展规划制定，建立农业全产业链数字化改造提升的工作推进机制，明确数字农业建设的重要项目实施方案，跟踪督促各个数字化改造任务落细落实。同时，政府应明确农业种植与生产、加工与流通等产业发展布局及产能情况，加强涉农企业、农户与高校之间的数字化技术交流与合作，强化配套政策支持与保障，分地区分产业推进农业全产业链数字化改造提升。从涉农企业内部运营来看，高层管理人员应明确企业各部门的数字化技术运用与改进方向，制订重要生产加工流程的数字化改造方案，多部门协同推进企业数字化转型。

数字化人才是农业全产业链各环节数字化改造提升的关键保障。政府

层面，应充分了解区域农业全产业链发展与农业数字化人才储备的现状，明确农业数字化改造提升需要的人才类型，进而制定符合区域农业高质量发展的数字化人才培育战略，推进农业全产业链各环节数字化人才的合理配置。企业层面，应重点分析生产加工全流程中的数字化改造方向，引进数字化人才，加强员工数字技能职业培训，提高其数字化智能设备操作能力。同时，涉农企业要为数字化人才提供必要的资源支持，以晋升激励、现金奖励等多种方式构建长效发展机制，保障其收入稳定。高校层面，应改进农业数字化人才教育与培养方式，重点加强农业职业院校数字化人才培养力度，加快建立农业数字化专业课程体系，开设智慧农业相关课程，推进产学研用一体化教学培养模式，培养更多数字化学科与农业学科交叉型人才。农户层面，应积极参与政府组织的数字化技能培训，借助农业数字化技能培训平台、数字社交媒体自觉主动地学习先进的农业生产与管理技术，提高自身数字素养。

二、加强数字基础设施建设，推进数字技术创新应用

加强农业农村数字基础设施建设是推进农业全产业链数字化改造提升的重要基础。政府层面，应统筹布局信息网络通信、云计算、人工智能、大数据等新型基础设施，加快完善数字基础设施体系，协调社会各方力量加强数字基础设施建设，全面缩小区域数字鸿沟。为了提高农业生产、分配、交换与消费等环节运输效率与衔接程度，政府应借助路网运行大数据、5G、北斗等技术加快智慧路网建设，持续推进公路数字化转型，不断加强交通运输车辆的智能调度与路径规划能力，促进农产品交易市场互联互通。依托智慧路网，加快构建四通八达的农村物流网络，推进产地数字化仓储保鲜等智慧冷链物流项目建设，共建共享城乡数字化物流设施与服务网络，保障农产品质量，实现降本增效。企业层面，应增强产业链上下游企业数字基础设施衔接匹配程度，加快应用机器人、传感器等智能设备提高农产品生产加工效率，加大推广云计算、区块链等数字技术，实现数据交易共享和智能决策分析。

全面加强数字技术创新应用是推进农业全产业链数字化改造提升的重要支撑。政府层面，应重点加大农业物联网、大数据、无人机、人工智能

等技术创新，推进新型数字技术应用于农田管理、农业生产加工、农产品仓储流通等关键环节，打破数据信息壁垒，提高农业生产流通效率，保障农产品质量与安全。同时，加快推进区域型农业数据开放平台建设，加强涉农数据搜集与分析决策技术改进，构建包含种植业、畜牧业、林果业等多元产业类型的农业信息监测综合数据库，提高区域农业生产监控与风险预警能力。企业层面，应基于不同品类农产品生产技术需求，加快组建生产技术攻关小组，加强与科研院所、高校的技术攻关合作，持续推进涉农企业数字化转型，实现农业生产加工等作业智能化、自动化。探索建设智慧柔性的企业生产全流程数字化平台，高效整合、利用生产资源和数据信息，发挥涉农企业在产业链供应链中的衔接联动作用，提高企业抗风险能力和议价能力。

第三章　农业全产业链利益联结机制

第一节　农业全产业链利益联结机制概述

一、农业全产业链利益联结机制内涵

2021 年农业农村部发布的《关于加快农业全产业链培育发展的指导意见》强调了以改进利益连接机制作为核心，致力于链条的延伸、补充、加强和优化。这一转变旨在从关注单一生产环节到整个产业链条，从产品本身到整个产业，从单个环节到整个系统的发展，实现产业链的完整流通和产销融合，以及农业与文化、旅游的结合，目标是开发乡村的多种功能，增加产业的附加值和效率，建立一系列创新能力强、产业链完整、环保意识强、安全有序、能够带动农业发展的农业全产业链项目。这将为乡村的全面发展和农业及农村的现代化提供坚强的支撑（宁钟等，2023）。

截至 2023 年，学术界尚未对农业产业链中的利益联结机制给出一个统一的定义。农业产业链涵盖农产品从生产到消费的全过程，包括农资的供应与采购、农产品的生产、仓储与物流、加工及深加工，以及最终的销售等关键环节，构成了一个完整的系统。学者们对这一概念进行了进一步的分类，分为纵向与横向两种运营模式。纵向农业产业链模式下，由一家公司负责管理整个产业链的各个阶段，包括从农业生产到信息和技术服务等各个方面；横向农业产业链是指多个企业在构成的价值链中进行合作，这些公司在价值链的不同环节中互相协作，形成一个横向的整体网络。

利益联结机制是指各经营主体通过对利益的分配、保障、调整和约束，使彼此能够共同承担风险、共同分享利益，降低交易成本，建立稳定的合作关系。按照合作与股份的二维划分法，利益联结机制大体可分为松散型、半紧密型、紧密型三种类型，三种联结方式的紧密程度逐渐加深，合作关系的稳定性也逐渐增强。松散型利益联结主要包括买断型和市场交易型联结方式，工商企业与农户（村集体、合作社）没有契约关系，企业根据生产经营需要在市场上随机收购原料，农民在市场上自主卖出产品，双方自由决定交易对象、自主经营，价格随行就市，这种方式主要出现在农业生产经营领域。半紧密型利益联结主要包括契约型和合同型联结方式，工商企业与农户（村集体、合作社）事先签订农产品收购契约或土地、房屋等要素租用契约，约定双方利益分配关系及相应的权利与义务，这种方式下双方通过让渡部分自主权降低市场风险。紧密型利益联结指基于产权关系的联结方式，农户（村集体、合作社）以资金、土地、技术等入股工商企业，或与工商企业联合组建新的企业主体，企业和农户（村集体、合作社）不再是单纯的产品和要素交换关系，二者权责关系受法律和企业章程约束，形成了收益共享、风险共担的利益共同体。

综上，本书将农业全产业链利益联结机制界定为农产品从研发生产到消费服务等各环节所涉及的各经济主体之间，相互作用、降低成本、共担风险、共享收益的经济利益关系。

二、利益联结机制的基本模式

按照不同的合作方式，农业产业链利益联结机制可划分为买断式、合同式、合作式、企业化、股份式五种。

（一）买断式利益联结机制

这是利益联结的初级方式，买卖双方都是相互独立的个体，对农产品一次性交易，双方不签订合同，自由买卖，价格随行就市。该机制有利于解决农产品难卖的问题，很大程度上促进了农业产业化发展；劣势是联结农户时，农户接受价格很被动，导致交易积极性不高，而且由于不签订长期稳定的合约，买卖双方无法建立稳定的联结关系，大大增加了双方的市场风险。

（二）合同式利益联结机制

这是实践中应用最多的利益联结方式，主要是农户、合作社、家庭农场、加工企业、连锁超市等主体以签订合同的方式对农产品的种类、相应的种植面积、买卖数量与质量等加以确定，并协商好以一个保护价进行农产品收购。借助该机制，农业产业链的上下游主体能够建立相对稳定的合作关系，由此小农户、家庭农场等主体能够借助于大型企业这一桥梁，建立起与市场的关系；大型农业企业则能够获得稳定货源、提高工作生产效率、保证产品质量、降低交易成本等。不过合同式利益联结机制也有不足之处，就是当签订契约的双方实力悬殊时，在利益的分配上可能存在机会主义行为，弱势方利益可能会受到损害。

（三）合作式利益联结机制

这种机制是生产和服务、产品和资本的结合体，包括会员制合作、产购销过程中的分工合作、产业链式的管理等多种形式。在此机制下，龙头企业为农户免费提供技术支持和信息服务，将生产、流通、加工等环节连接为一体，企业拥有稳定的原料来源，降低了交易成本；农户的市场地位得到提高，有了平等的话语权，还可以在加工、销售等合作以外的经济附加环节获得"二次返利"。另外，有的龙头企业采取有效的激励机制，如会员制，对不同等级的会员，收购时的利润及分红有所不同。

（四）企业化利益联结机制

合作式利益联结模式进一步发展将形成企业化利益联结机制，这是相对比较稳定和高效的形式，也是未来农业产业化利益联结机制发展的主要方向。这种机制紧密地将农产品生产、加工、销售等各个环节连接在一起，形成了产供销一体化的产业链。农业生产企业化运作，就是指在同一个企业内部，龙头企业与职业农民形成了紧密的利益联结关系，龙头企业的生产是第一车间，农民被聘用为公司员工。在这种机制下，一是提高了农产品质量，市场竞争力大大增强，农民收入得到增加；二是农民以企业员工的身份每年获得固定工资，这不仅可以增加农民的收入来源，还改变了传统的农业生产经营方式，利益机制的稳定性也提高了。但农民与农业产业组织群体的产权关系决定了农民在农产品加工与销售等环节中所占的利润比例，农民仍处于弱势地位。

（五）股份式利益联结机制

在这种联结模式中，农户、家庭农场等主体可以凭借着相关要素，如资金，土地、设备、技术，在农业龙头企业中获得一定的股份，进而参与企业相应的管理以及监督，从而进行有效的利益分配。这种利益联结机制最大的优点是使农业产业链上的参与主体能够紧密联系在一起，形成利益共同体，实现规模化生产；同时使小农户能够参与到农业产业化进程中，促进现代化农业发展。该机制的缺点是现实中较难实现，且需要一定的中介组织在农户与企业间进行组织协调。

三、利益联结机制研究的理论基础

（一）交易费用理论

交易费用理论（Transaction Costs）是现代的产权经济学最核心、最基本的内容，其认为市场机制运行是有成本的，即人与人之间的一切交易都是有成本的。该理论研究如何通过界定产权和对产权规则进行调整来降低交易的费用，达到提高资源配置效率的目的。其中，得到准确的市场信息以及谈判和经常性契约所需的费用就是交易费用。

在农业产业链中，交易费用主要表现为农户、合作社、龙头加工企业、批发市场等主体进行交易活动的费用、监督违约的费用、制定和执行交易合约的费用、界定和保障农产品产权的费用以及维护交易秩序的费用。交易费用理论还指出内外部市场关于交易的耗费各有不同，一般情况下，外部市场交易费用远高于内部市场的交易耗费，因此在农业产业链中，农户独立进入市场的交易费用较高，需要与公司合作，组成一个利益共同体互利互助。对于公司来说，为避免高额的交易费用和农产品收购不稳定的情况，也必须和农户紧密结合，形成利益共同体。总之，交易费用理论很好地解释了农业产业链中的不同主体建立利益联结机制的必要性。

（二）不完全契约理论

因为很多重要的条款无法在交易前就确定清楚，有时候只能做到简单预测，做出一个相对规范的说明，这就形成了不完全契约。实践中，不完全契约极易造成利益不一致的合作双方违约，削弱利益联结的紧密性。

在农业产业链中，不完全契约非常普遍。生产周期长是农业生产的特点，受自然因素影响很大，价格的高低常常随着产量的变化而变化，合作双方无法提前预测和控制在生产种植过程中出现的自然风险，又无法估计在收获后进行市场交易时的市场价格，因而合作的契约内容不完整，农户、公司等主体的行为存在一定的自由性。因此受市场利益的驱使，合作双方会根据市场价格的变化而选择违约，从而扰乱市场秩序，阻碍农业产业发展。

因此，要使农业产业链中的参与主体形成紧密的利益共同体，在一定程度上缓解信息不对称的情况发生，保障农业产业正常发展，维护农业企业及农户之间的合作关系。

第二节　农业全产业链利益联结机制的影响因素

一、产业链主体发育程度

葛鹏飞等（2017）研究认为，随着产业链的发展，产业链主体互动更加频繁，产业链利益联结机制也经历了由初级到高级不断演变的过程，最终农户、农业龙头企业和合作社等形成了高度关联的利益共同体。具体而言，产业链主体发育程度包括产业链主体经营状况、产业链主体行为和合作意愿等。

（一）产业链主体经营状况

根据利益相关者理论，农业全产业链参与主体多元化，各主体在全产业链建设中的参与程度存在差异，且主体越多，主体之间的互动和利益联结越复杂，全产业链价值共创的机理就越复杂。但总体而言，企业类型对企业选择利益联结方式的影响最大，培育龙头企业可以有效促进紧密型利益联结方式的形成，推进农业产业链发展（何薇等，2018）。

（二）产业链主体行为

产业链主体行为受其市场认知和受教育水平等多种因素影响。有学者通过对牧户的调研发现，当市场波动较大时，82%以上的牧户倾向于选择以市场为纽带的松散型契约关系；当市场平稳时，超过74%的牧户倾向于选择以合同为纽带的半紧密型契约关系；当市场非常平稳时，超过62%的牧户倾向于选择超紧密型契约关系（葛鹏飞等，2017）。农户的教育水平同他们选择与企业建立合作机制的倾向息息相关，同时也影响着他们对参与合作的认知和意向，进而决定了合作机制的选取。受教育程度较高的农户通常对市场信息的获取、农业生产的规律性、优质作物品种的选择以及农业生产的有效组织模式有更深入的理解。他们更能从长远角度出发，考虑与企业建立稳固合作关系的重要性。反之，教育水平较低的农户可能更倾向于关注短期利益，有时甚至可能导致他们违反先前的合约。相对而言，受教育程度高的农户在面对问题时能够进行更深层次的思考，不会轻易违约，因此他们更倾向于与企业建立持久且稳定的联系，并且更加重视合约的履行。

产业链主体合作意愿对产业链利益联结机制影响显著，同时其合作意愿又受主体受教育水平、年龄、性别等人口特征以及土地经营规模、农业投资强度和生产资源禀赋等家庭经营特征的影响（石敏等，2021）。

二、制度建设

完整的制度框架对农业产业链的健康发展至关重要，它不仅关乎整个产业链的效率和盈利能力，而且对保障各参与方（包括龙头企业和农户等）的利益具有深远影响。制度涉及所有参与农业产业链活动的主体必须共同遵循的政策、行业规范和法律规定。通过将权力限制在明确规定的框架内，明确界定各参与方的权利与责任，规范他们之间的互动关系。在一个制度健全的环境中，各方能够有效分工合作，从而提升生产效率并实现更高的经济收益。然而，当前农业产业链中存在的制度缺陷，导致利益冲突、违约风险频发，这不仅降低了农户的参与热情，还导致资源的浪费、交易成本的增加和生产效率的下降。因此，补齐这些制度上的短板对于维护双方利益、推动整个农业产业链的顺利发展至关重要。

三、信用建设

在农业产业链中，信用体现为各参与方——无论是经营实体还是利益相关者——在市场中主动遵循约定并守信的一种道德属性。它是驱动各方按合同行动、规范自身行为的关键内在因素。整个利益联结机制的有效运作，依赖于参与各方的信用水平。高信用水平的主体较少倾向于采取投机或机会主义行为，从而确保各方利益的保护。相反，若任何一方的信用低下或被侵蚀，违约的风险便会增加，这不仅可能导致合作关系的破裂，而且会阻碍所有参与方利益的实现。

四、要素市场

要素市场涵盖了资本、信息、技术、人才和服务等关键领域，对农业产业链中各方的协同发展有重要作用。从资本层面来看，如果农业领域得不到足够的资本支持，那么产业链上的企业和农户将面临资金短缺，这直接影响到整个产业链的发展速度和效率。从信息流通的角度来看，及时、准确、全面的信息传递对于降低交易成本、减少资源浪费、加强各方之间的利益连接具有关键意义。从技术与人才方面来看，掌握先进技术的专业人才和现代化设备的应用能够显著提高农业生产的效率，技术人才与农户之间的良性互动及技术联结对推动整个产业链的发展至关重要。此外，随着农业与其他产业的深度融合，农资经营、农机服务、农技研发等配套服务的重要性日益突出（杨守德，2023），完善的服务体系和设施有利于加强产业链各环节的利益联结，也有利于全产业链的协调发展和效率提升。

五、产品物流特性

农产品的物流特征对于决定交易行为和选择合作机制有着显著影响。

首先，考虑到农产品的自然特性，如规格较大的农产品因运输困难而导致的销售半径缩小，企业倾向于选择更紧密的合作机制以应对销售挑战。同样，易腐烂或容易变形的农产品需要快速处理和销售，这促使企业寻求与农户更紧密的合作关系。此外，对于运输过程中易受损的农产品，更多的包装、保护和存储技术的投入意味着对专用资产的更高需求，这进一步促成了企业和农户之间坚固的合作关系。这些因素共同作用，影响着农业产业链中各利益主体的交易行为和合作机制的选择，进而影响整个产业链的运作效率和效益。

六、契约关系

市场交易本质上是一种契约关系。周立群和曹利群（2002）将农业产业化经营的契约关系分成商品契约和要素契约两种主要类型，认为在提升利益联结稳定性方面，商品契约要优于要素契约。商品契约是指依靠市场制度、围绕商品买卖形成的契约关系，包括"公司＋农户""公司＋合作社＋农户"等典型模式。要素契约是指围绕农业土地流转、农民雇佣等农业生产要素配置，依靠企业内部资源优化以拓展企业生产边界的契约关系，包括"公司农场"等典型模式。

第三节　完善农业全产业链利益联结机制的对策建议

一、坚持因地制宜原则，创新利益联结机制

农业全产业链利益联结机制需因地制宜。一方面，各地区应依据自身的资源条件、农产品特性和市场动态，探索与本地特色相匹配的制度创新方法，以充分发挥地方资源优势，促进当地农民收入增加，并构建一个较为稳定的利益连接体系。另一方面，通过建立以"龙头企业＋合作社＋家庭农场＋社会化服务"为核心的共享和带动机制，实施资本共投、生产共营、经营协同、利益共赢、风险共控的"产业联合式"模式、"土地合作社＋职业经理人＋社会化服务"的"共营农业制"模式，以及"家庭农

场 + 农事服务超市""订单 + 服务"合作方式等（芦千文等，2019），确立农户与合作社、龙头企业等各经营主体之间的复合型利益连接机制。同时，积极推动集体资产的保值增值和股份量化，使农民通过工资、租金、股份、红利以及利润返还等多元途径，共享农业产业链中的红利，从而巩固利益连接机制的基础。

二、建立关系信用制度，提高违约惩罚力度

完善的信用制度和高力度违约处罚为农业全产业链上的各经营主体建立合作关系提供制度保障。一方面，将信任、互利、声誉等社会关系维度纳入利益联结机制评价体系，作为定期评审的一部分，用以判定未来合作的可能性。这样做不仅有助于促进农业产业链各参与方之间的沟通与协作，形成良性的相互作用，还能通过相互评估机制来纠正不合规行为，从而在新的水平上降低交易成本，提高合同履行率。通过鼓励诚信行为，促进各方的健康互动，共同保障利益联结的稳定性，增强生产经营的动力。另一方面，改进和规范合同条款，提高合同违约的赔偿金额，显著增加违约成本，以此激励和约束合作方的行为。尽管较高的违约成本可能会减少合同签订数量，但也能有效筛选出合适的合作伙伴，从而提升农业产业链的整体运行效率。

三、加大资金扶持力度，完善风险应对机制

充足稳定的资金支持为农业全产业链发展提供充足动力与抵御风险的重要保障。一方面，政府应将财政的重点转移到农业全产业链上的龙头企业，借助贷款补贴、补助和奖励等方式提供资金支持，并将相关资金流动动态和效果公布到相关平台上，主动接受广大群众的全面监督。对销售和盈利状况较差的龙头企业，实施特别政策贷款措施，简化贷款程序、放宽借款条件，并降低对贷款金额的限制，确保这些企业获得必要的营运资金和基础设施投资资金。另一方面，构建完善的农业保险制度，鼓励各方将一部分收益用作风险保证金或购买农业保险，使各经营主体在遇到市场风险或自然风险时收益能够得到保障，有效降低经营主体面临的不确定性风

险，从而降低各主体之间的违约率，保障利益联结机制的顺利实施与农业全产业链的健康发展。

四、推进人才队伍建设，培育壮大龙头企业

人才是农业全产业链发展的关键要素和稀缺资源，培育市场主体并发挥龙头企业的行业带头和引领作用，有助于提高利益联结机制构建与运行的可行性。一方面，通过信贷支持税收减免、就业补贴等综合措施优化农业经营市场和就业环境，完善人才流动和兼职的制度，增强农业对就业者和创业者的吸引力，鼓励外出务工人员回乡就业创业，提高从业人员和企业的数量，缓解人才总量不足的情况。同时，高校、研究机构和企业应紧密合作，建立综合的产学研联合体系，最大限度地发挥企业人才资源应用、科研机构生产技术开发、高等教育机构人才培育方面的能力。定期举办内容丰富的农业人才村落实践活动，培养一批既有理论知识又具备实际技能的农业管理和服务专业人才。另一方面，应积极支持和发展具有强大经济实力、灵活经营策略、较强带动作用和市场竞争能力的龙头企业。对现有的龙头企业进行改革和优化，提升其能力，并按照产业政策进行整合，使它们成长为更加强大的企业。同时，激励这些企业追求技术革新和科技创新，特别是在农产品加工、新技术和新品种的推广以及现代化营销等领域，积极展现其领导和示范作用。

五、提高农民素质水平，培养农户市场意识

占主体地位的农民素质高低、市场意识强弱，对农业全产业链利益联结机制的稳固起到了重要作用。一方面，强化对农村的成人教育和职业技能培训，推进农民的文化和技能水平提升，促进他们向现代化农业工作者转变，从而提升其生产效率和经济收益。另一方面，应将市场经济环境中的法律法规常识普及给农户，并让其充分理解合同中的条款，在懂得维权的同时也明晰应尽的义务，进而提高农户的契约精神，提高利益联结合同的履约率，增进企农间的信任关系。

第四章　农业全产业链绿色发展

随着经济发展和生活水平的提高，消费者对绿色、优质农产品的需求与低端低质普通农产品的供给之间的矛盾日益突出，农业绿色发展理念开始被理论界和实务界越来越多地采用。农业全产业链建设与农业绿色发展的"质量兴农、绿色兴农"目标是一致的。

第一节　农业全产业链绿色发展的定义、特征及政策

一、农业全产业链绿色发展概念界定

根据已有研究，农业全产业链绿色发展是指在产业链融合的全过程中，始终以绿色发展为理念，按照生态优先的原则，实现全产业链效率提升以及农业多功能价值发挥（丁淑玲等，2023）。其中，绿色发展是针对经济增长过程中出现的资源过度消费、生态环境严重污染等问题形成的新发展理念，重点强调和谐、全面和可持续发展（张康洁等，2023）。

从农业全产业链绿色发展的内部流程来看，该环节涉及农资供给绿色化、农业生产绿色化、农产品流通绿色化、农产品绿色营销绿色消费引导和农业循环利用等。其中，农资供给绿色化包括提高农兽药和肥料有效性、开发低毒可降解农资材料、农资物流绿色化等；农业生产绿色化包括开展节水灌溉、高标准农田建设、有机肥替代化肥、使用低毒农药和生物农药、农药化肥减量化和使用现代农业生产技术等；农产品流通绿色化包括使用绿色包装、降低运输过程的能源强度、采用现代加工和绿色物流技

术、减少农产品运输车辆返程空载等；农产品绿色营销和绿色消费引导既是农业全产业链绿色发展价值实现的必要手段，也是农产品优质优价的现实考量。前述都基于农业生产正向流程，而农业循环利用考虑的是农业生产逆向流程，如秸秆还田、循环农业技术等，是提高资源利用效率、资源再加工再利用的必要手段，有利于降低环境压力、减少碳排放。

从农业全产业链与外界的物质能量交换来看，该环节涉及两个系统的输入输出。其中，外部环境系统为农业全产业链的发展提供基础平台、社会环境、经济法律制度安排和基础软硬件条件。农业全产业链发展为外部环境提供产品价值、生态价值、文化价值输出和富民增收等社会经济发展效益。在物质和能量交换过程中，系统始终将绿色发展约束和全产业链建设效益提升摆在突出位置，以此形成系统循环的正反馈。

综上，农业全产业链绿色发展就是把绿色发展的理念贯穿到农业产业发展的全过程中，聚焦市场需求，通过创新体制机制与产业融合业态模式，引导产业链发展的资源要素集聚，达到"1 + 1 > 2"的效果。农业全产业链建设通过挖掘农业的多功能价值，也能实现资源的集约化利用，促进绿色发展。

二、农业全产业链绿色发展的主要特征

从发展过程来看，农业全产业链绿色发展覆盖从农田到餐桌的全链条，全过程绿色化和多主体协作是基本要求；从发展目标来看，农业全产业链绿色发展是生产过程环境友好、产出产品优质安全、生产正外部效应提升的多目标协同。

（一）全过程绿色化

在产业链延伸和价值链增值的基础上，将农业绿色发展目标贯穿到农业产业链发展的全过程中，包括绿色规划、绿色设计、绿色投资、绿色生产、绿色加工、绿色流通、绿色生活和绿色消费等。

（二）多主体协作绿色化

农业全产业链建设参与主体众多，多主体协同农业全产业链的绿色发展涉及农户绿色发展认知、政府绿色发展引导和政策支持、农业企业绿色

生产指导管理和绿色技术研发应用等，通过多主体协同提升全产业链绿色发展的综合效益。

（三）生产过程环境友好

将农业产业融入"山水林田湖草沙"的大生态环境中，突出了农业全产业链与自然生态系统的相互依存关系及其对自然生态系统的影响，因此，在农业产业链发展过程中应根据生态环境的要求，在适当的空间范围内开展和实施活动，谨慎行事，防止生态退化。

（四）产出产品优质安全

优质农产品是生产领域和消费领域相互联系的纽带，在促进建立以优质和有竞争力的价格为特征的体系方面发挥着关键作用，为此，原产地、投入品监管、生产、收获管理、储存、加工监督和市场授权等各个阶段的质量控制措施，是保障产品销售完整性和安全性的重要举措。

（五）生产正外部效应提升

通过整合生产和消费端，全产业链可以更有效地满足消费者对安全、优质和多样化农产品的偏好，从而提高生产正外部效应。此外，产业链的全面整合可减少因供需不匹配以及上下游活动协调效率低下造成的损失和浪费，从而降低生产成本，达到节约成本和增加收入的目的。

三、农业全产业链绿色发展的理论基础

绿色发展是农业发展观的一场深刻革命，也是农业供给侧结构性改革的主攻方向（金书秦等，2020）。党的十八大以来，国家高度重视生态文明建设，把生态文明建设融入经济建设、政治建设、文化建设、社会建设各方面和全过程，农业绿色发展是其中的重要组成部分。"十四五"规划纲要提出，实施可持续发展战略，推动经济社会发展全面绿色转型。2021年，农业农村部等六部委印发《"十四五"全国农业绿色发展规划》，指出"十四五"时期是加快推进农业绿色发展的重要战略机遇期，要求以深化农业供给侧结构性改革为主线，以构建绿色低碳循环发展的农业产业体

系为重点。受气候、能源、环境问题约束，全球经济社会发展面临持续挑战，世界各国广泛关注绿色低碳可持续发展方向；同时，以绿色经济、低碳技术为代表的新一轮产业和科技革命加速兴起，正在重塑农业产业发展模式。2022 年，农业农村部、国家发展改革委联合印发《农业农村减排固碳实施方案》，强调以农业农村绿色低碳发展为关键，加快形成节约资源和保护环境的农业农村产业结构、生产方式、生活方式、空间格局。习近平总书记在丰富的工作实践和长期深入思考的基础上，提出了"两山"理论，为推进农业绿色发展提供了强大的理论指引。农业绿色发展思想在中央一号文件中也有深刻体现：如 2013 年一号文件《中共中央　国务院关于加快发展现代农业进一步增强农村发展活力的若干意见》提出"推进农村生态文明建设"；2014 年一号文件《关于全面深化农村改革加快推进农业现代化的若干意见》提出"建立农业可持续发展长效机制"；2015 年一号文件《关于加大改革创新力度加快农业现代化建设的若干意见》用"三农"强、富、美统领三章内容，其中之一就是"中国要美，农村必须美"；2016 年一号文件《关于落实发展新理念加快农业现代化　实现全面小康目标的若干意见》首次正式提出推进农业绿色发展；2017 年一号文件《中共中央、国务院关于深入推进农业供给侧结构性改革加快培育农业农村发展新动能的若干意见》继续"推行绿色生产方式，增强农业可持续发展能力"；2018 年一号文件《中共中央　国务院关于实施乡村振兴战略的意见》提出以绿色发展引领乡村振兴；2019 年一号文件《关于坚持农业农村优先发展做好"三农"工作的若干意见》进一步强调了系统的绿色发展观，强调"统筹推进山水林田湖草系统治理，推动农业农村绿色发展"；2020 年一号文件《中共中央、国务院关于抓好"三农"领域重点工作确保如期实现全面小康的意见》突出强调要对标全面建成小康社会，加快补上农村基础设施和公共服务短板；2021 年一号文件《中共中央　国务院关于全面推进乡村振兴加快农业农村现代化的意见》再次提出"推进农业绿色发展"。至此，关于农业绿色发展的理论和实践日趋成熟。

第二节　农业全产业链绿色发展的理论研究

关于我国农业全产业链绿色发展，大部分研究主要聚焦于乡村振兴、现代化和数字经济的背景下，如何运用新质生产力打造绿色低碳全产业链，实现农业"双碳"和高质量发展目标。本节从农业全产业链绿色发展的问题出发，探讨了全产业链视角下农业绿色发展的内在机理，并给出了农业全产业链绿色发展的体系内容。

一、农业全产业链绿色发展的困境

将绿色发展理念贯穿到农业生产、运输、加工、销售等一系列活动中，能够促进产业链和生态环境的协同发展，但在具体的实施过程中，众多学者发现农业全产业链的绿色转型仍会出现许多问题。

其一，产业布局不够合理，资源利用效率低。朱齐超等（2022）研究发现我国大部分地区农业全产业链多样性和关联性不高，产业融合程度低，导致全产业链资源利用效率不高和生态协同发展难度大。葛若凡等（2023）研究发现，农业产业链内部协同度不高，各环节衔接不当，会造成农业面源污染，增加碳排放；同时，产业链内生产端过多、服务端较少会影响农业产业附加值的开发，使多数农业资源浪费，产生较多生产垃圾，影响乡村生态环境质量。赵海燕等（2023）通过对北京现代农业产业园的实地调研也发现，部分园区主导产业产值占比不足，农产品加工层次不高，难以形成聚集效应，其主要原因在于园区部分产业链条缺失，在加工、包装、储存、销售、运输等环节与主导产业的聚集发展需求未能有效衔接，致使绿色原材料利用效率低，制约了绿色产业链综合效益的提升。

其二，产业链运行模式不完善，链主利益联结不紧密。绿色农业产业链涉及的参与主体有农户、农业合作社及企业，而由于链条利益联结不紧密，上下游企业之间利益分配机制不完善，参与主体都不愿意过多投入进行产业链的绿色化和低碳化，与之相应的农业配套服务鲜见，造成了生产与生态保护之间失衡。钟真等（2024）研究发现，农业产业链中普遍存在契约约束力不足、合作毁约率较高等问题，因此提出建立产业链联合体，通过"关系保障＋章程管理＋合约约束"的管理方式，给供应链主体之间的交易提供稳定的环境，并且制定合理的利益分配方式，进而打造从生产端到销售端的绿色供应链，在减少资源消耗和环境污染的同时，满足居民高质量农产品的需求。刘婷等（2023）研究发现，链主企业对全产业链各类主体实施绿色经营的控制力不强，导致加工、流通等各个环节的监管力度不够，制约了全产业链绿色发展质量的提升，因此建议搭建可追溯信息服务平台，提高优质农产品的辨识度，进而形成农产品的优质优价体系。

其三，产业链融合增值效应不强，协同机制低效。我国农业产业资源分布较为松散，精加工能力薄弱，资金、技术和配套产业间缺乏有效的协同，这些限制了绿色农业技术和设备的推广，制约了绿色农业产业链的发展（郑晓书等，2021）。许佳彬等（2022）研究发现，黑龙江省绿色食品原料生产与供给在全国具有显著地位，但绿色农产品加工率仅为40%，加工产值占比仅为3.9%；同时，加工产业竞争力也较弱，日均加工能力不超过4 000吨，仅是国际平均水平的50%。除此之外，消费端市场网络不健全，绿色食品品牌呈现多、乱、杂的现象，因此各环节协同效率低，产业增值效益不高。龚斌磊等（2023）提出在生产端要培育高产、低损、生态的农业品种；在运输端要开发应用新技术，减少粮食损耗；在加工环节要更新设备和优化工艺，提高出品率和副产品综合利用率；在产品端要建立农业品牌，增强品牌效应，实现优质优价，最终形成"生产—运输—加工—产品"全产业链高效的协同机制，扩大产业链融合增值效益，促进农业绿色转型。

二、农业全产业链绿色发展的内在机理

（一）科技赋能：降低资源利用强度，促进农业提质增效

科技创新始终是驱动农业进步的根本动力。我国农业长期高投入，耕地长期高强度、超负荷利用，导致农业面源污染和生态系统退化严重，资源利用率和生产效率较低，造成了严重污染浪费。因此，用科技引领农业产业链绿色发展，是农业提质增效的关键引擎。科技对农业全产业链中生产、运输、加工和销售链的各个环节都产生了变革性影响，为提高农业生产的效率、促进可持续发展作出了独特贡献。在生产中，精准农业、基因工程和遥感等技术提高了作物产量，优化了资源利用，并减轻了对环境的影响。在运输方面，GPS跟踪、自动驾驶车辆和智能物流系统等创新技术可简化配送网络，确保及时交付农产品，同时最大限度地降低运输成本和碳排放。在加工方面，先进的机械、物联网系统和数据分析提高了加工效

率和质量控制，从而提高了产量，减少了浪费并改善了产品品质。在产品方面，电子商务平台、区块链和数字营销工具等技术促进了供应链的透明化、可追溯性和市场准入，使农产品进入更广阔的市场，使消费者有能力做出明智的选择，同时能够及时满足消费者个性化、多元化的需求，提高经济效益。这些技术进步共同支撑着一个可持续、有韧性、有竞争力的农业生态系统，确保粮食安全、经济增长和环境稳定。

（二）数据赋能：创新产业链运行模式，驱动生态循环

数据要素能够提升农业生产数智化水平和全产业链数据融通创新，在农业产业链绿色发展中发挥着举足轻重的作用。在农业生产方面，数据驱动的洞察力可实现精准农业实践，利用有关土壤健康、天气模式和作物生长动态的实时信息，优化资源配置，提高生产效率，并最大限度地减少对环境的影响。数据要素还能促进高效的供应链管理，简化从生产到分销的流程，确保质量、响应速度和环境可持续性。对农业系统进行预测建模过程中，数据要素有助于了解农业活动与其生态影响之间的复杂关系，从而提高农业生态系统的复原力和可持续性。在生态保护方面，数据要素有助于实施可持续耕作技术，如减少耕作、农林业的碳封存，从而降低温室气体排放，增强农业生态系统的碳汇。同时，数据驱动的方法可为生态系统管理战略提供信息，促进生物多样性保护、土壤健康保护和水资源利用优化。通过对整个农业产业链的碳足迹进行监测和评估，可以对碳排放较大的产业活动进行改善，以降低碳排放。因此，要充分发挥数据要素与农业的乘数效应，提高生产效率，促进农业全产业链运行模式创新，以实现固碳减排的目标。

（三）市场赋能：聚焦绿色消费需求，提供专业化社会化服务

营造绿色消费场景，为消费者提供生态体验，既能调整农产品的供应和营销策略，又能满足消费者个性化、多元化的消费需求。要实现这一目标，就必须充分把握公众的绿色消费倾向，并将其与产业活动结合起来。首先，提供给企业技术指导和资金支持，以此开发符合绿色低碳标准的新产品，满足消费者的绿色低碳需求；其次，当前消费者关注健康、绿色的生态农产品，因此，可以在服务端为消费者提供沉浸式体验，让消费者自

主体验耕作、采摘，回归原野感受美好生态；最后，通过为消费者提供个性化碳足迹评估和消费计划的服务，让消费者也积极采取绿色低碳的生活方式，增强消费者的体验感和认同感，进而促进全产业链的绿色发展。因此，绿色发展的目标为农业产业链提供了颠覆性的发展机遇，产业链凭借资源共享、形态创新及绿色生态等优势，充分挖掘发展潜能，积极融合产业与生态，通过提供专业化、社会化服务，满足了消费者的绿色低碳需求，还推动了农业产业链实现资源整合与根本重构。

三、农业全产业链绿色发展的体系

农业全产业链绿色发展体系主要包括农业全产业链绿色发展的安全保障体系、质量提升体系以及服务健全体系。

（一）农业全产业链绿色发展的安全保障体系

农业可持续发展的基础在于实施绿色生产体系，解决农产品的安全问题，为消费者提供安全保障。基于安全保障的视角，学者们广泛研究了农药、化肥等要素投入、农业污染防控、生态修复以及绿色生产方式等各种内部和外部因素对农业全产业链绿色发展的影响。高巍等（2020）用耕地、饲料、氮化肥等作为资源投入指标剖析中国奶业绿色发展的限制因素，为区域奶牛养殖业的可持续绿色发展提供了方法。宫智勇等（2022）围绕着小龙虾全产业链中养殖、加工、运输和销售等环节所涉及的外部风险，分析了重金属、养殖投入品以及农药等污染物对水质污染的影响并提出了小龙虾绿色发展的安全保障体系，旨为小龙虾全产业链的提质增效提供依据。曹春信等（2022）制定了产地选择、土壤条件、育苗定植、田园管理等的统一标准，构建了金华市全产业链辣椒生产的绿色安全保障体系。除此之外，也有学者研究了无土有机基质种植、大棚覆盖种植网和病虫害防治等具体的绿色生产技术，并分析了生姜全产业链有机化、品牌化和深加工等问题，为现代化生姜产业绿色发展提供了新模式（韩喜艳等，2021）。

通过应对风险，农业部门可以坚持可持续发展的做法，最大限度地减少对生态系统的不利影响，同时，完善的安全体系框架不仅可确保农产品的完整性和安全性，增强消费者的信心，还能通过确保产品在整个生产过程中的可追溯性和质量，建立可持续的农产品供应链。归根结底，建立农业全产业链的安全保障体系，对推进绿色发展议程、促进环境可持续性和增强面对新挑战的应变能力是不可或缺的。因此，要促进中国农业全产业链的绿色发展，就必须建立完善的安全保障体系。

（二）农业全产业链绿色发展的质量提升体系

习近平总书记强调："一定要算大账、算长远账、算整体账、算综合账。"[①] 国家越来越重视生态环境保护，人民对优质农产品的需求不断增加，在这种背景下，基于各种案例分析，众多学者探讨了高质量育苗、农产品质量分级、农产品精加工和健全质量标准体系等一系列活动对农产品高质量绿色发展的影响。于新茹等（2023）提出在消费者对畜禽产品的新鲜度偏好愈来愈高的背景下，支持屠宰加工企业冷链运输、低温分割和冷藏设备建设，并进行低碳环保的精加工，从而提升畜禽产品品质，促进产业提质增效。郑蔚然等（2024）提出梳理现代蔬菜产业质量标准体系，因地制宜打造先进适用的标准综合体，促进标准和产业深度融合，优化产业链结构，提升产业链质量，让绿色安全型蔬菜走进千家万户。杨蕴丽等（2024）建议通过建设研发中心、科研帮扶等形式，充分利用肉源地绿色原材料优势，加强畜种选育和畜产品加工等核心技术与关键设备的研发，降低生态污染，提高畜牧养殖的质量，用科技引领农业全产业链的高质量绿色发展。

这种质量提升体系要求在农业生产的各个环节都采用可持续的做法，通过采用生态友好型技术、优化资源配置和促进生物多样性保护，最大限度地缓解环境退化、保护自然生态系统和提高整体生态复原力，同时最大限度地提高资源利用效率。此外，完善农业全产业链绿色发展的质量提升体系，还能提高农业生产率、改善粮食安全和促进农村发展，进而促进经济繁荣。因此，要从保障中国人食品安全的高度统筹谋划农业全产业链的高质量发展，并注重运用战略思维、创新思维、系统思维打造农业全产业链发展新格局，推动供给侧结构性改革，推进种养结合、循环利用的绿色生产方式，形成农业全产业链绿色发展的质量提升体系。

---

① 田延华. 习近平：生态保护要算大账、长远账、整体账、综合账 [DB/OL]. 共产党员网，https：//news. 12371. cn/2017/09/21/ARTI1505996788697989. shtml.

（三）农业全产业链绿色发展的服务健全体系

农业农村部提出，要推动农业全产业链社会化全程服务，建立社会化、专业化、市场化服务体系，实现全产业链绿色化发展。基于全产业链服务的视角，众多学者从生产服务、技术推广服务、金融服务、信息化服务和经营服务的角度阐述了农业社会化服务健全体系的重要作用。温日宇等（2019）通过分析山西省玉米农业生产中面临的资金短缺、配套设施不完善、评价体系缺失等一系列问题，提出农业生产托管下玉米全产业链服务模式，有效解决了土地碎片化和"谁来种地、如何种地"的问题，为玉米全产业链绿色健康发展提供了参考。杨建利等（2021）深入探析了数字技术赋能农业高质量发展的内在机制，并强调了数字技术与农业系统各方面的融合，包括要素配置、产业运营、生产流程、管理实践、市场流通和利益相关者参与，这种整合促进了农业的绿色可持续发展。张梦玲等（2023）研究发现，绿色投入品使用指导、测土配方施肥、深耕深松和病虫害绿色防控服务在提高农业绿色生产力方面表现出巨大潜力，秸秆还田服务在提高农业绿色生产率方面的功效相对较小，农民采用农业社会化服务的程度与农业绿色生产力水平之间存在正相关关系。

量身定制的指导和支持有助于采用对环境负责的做法，同时优化资源利用，为减少对环境的影响和促进生态友好型农业实践作出了重要贡献。此外，解决劳动力限制和有效的土地管理，有助于扩大可持续农业实践。因此，高效的农业社会化服务体系既能实现农业现代化，又能促进可持续发展，符合中国实现绿色发展、粮食安全和环境保护的总体目标。

第三节 农业全产业链绿色发展现状和意义

本节梳理了农业全产业链绿色发展的现状，进而阐述了实现农业全产业链绿色发展的理论意义和实践意义。

一、农业全产业链绿色发展现状

在农业绿色化的要求下，国家正在聚力推进农业全产业链升级，培强产业主体，推进三产融合。2023 年农业产业发展取得明显成效，全国累计创建国家现代化产业园 50 个、农业现代化示范区 100 个、优势特色产业集群 40 个、农业产业强镇 200 个，农业全产业链发展势头良好。① 然而在农业产业链的发展过程中也存在着重经济轻生态、内部整合不足、缺乏系统规划以及缺乏有效协同等诸多问题。首先，在农业全产业链建设过程中，将生态因素纳入系统设计方面存在明显不足，这种疏忽导致产业发展轨迹与生态保护目标之间的严重错位。其次，整个农业全产业链内部整合不足，造成大量的资源浪费和生态污染，影响了其向绿色发展的转型。再次，缺乏系统规划。尽管政府认识到农业全产业链绿色的重要性，但在顶层设计、区域间资源整合、提供必要的基础设施和技术支持等方面仍存在不足，例如高昂的物流成本阻碍了全产业链的高质量建设。最后，地区差异和协同机制不足加剧了问题的严重性。经济中心既有对优质农产品的需求，也有构建全产业链所需的技术和人力资源，然而，区域协作不足、科学协同机制和生态补偿机制的缺失，阻碍了具有凝聚力的产业链体系的建立，加剧了农业污染问题。因此，要应对这些挑战，就必须认清农业全产业链绿色发展的困境，厘清其内在机理，以形成农业全产业链绿色发展的体系，实现产业活动与生态环境的协同发展。

二、农业全产业链绿色发展的意义

促进农业产业链的绿色循环，不仅能改善生态环境，还能提高农产品质量安全，对提高中国农业效率和竞争力、实现农业高质量发展、实现人与自然和谐共生至关重要。

第一，农业全产业链绿色发展是改善生态环境质量、提高农产品质量安全的重要路径。从历史上看，中国在 20 世纪 60 年代和 70 年代采用了以石油为基础的农业模式，粮食产量增加，但随之而来的是食品和生态安全的隐忧。据统计，2021 年中国化肥和农药的过量使用远远超出发达国家每公顷 225 千克的安全限制，生态环境不堪重负。② 但随着中国经济的蓬勃发展，人们越来越重视食品安全，促使农产品向无公害、绿色和有机方

---

① 中国政府网，https://www.gov.cn/zhengce/202401/content_6927914.htm.
② 中国农业大学新闻网，https://news.cau.edu.cn/art/2021/7/13/art_8779_771588.html.

向转变。要降低生态风险，确保食品安全，并使农业部门向效率驱动型模式转型，满足消费者不断变化的需求并促进可持续增长，就必须优先考虑绿色农业实践，促进农业绿色发展。

第二，农业全产业链的绿色发展是强化资源保护和利用，从而促进可持续发展的务实之举。研究表明，采用可持续农业实践，使资源利用效率显著提高。在保持或提高作物产量的同时，采用绿色做法显著减少了水和杀虫剂的使用，使荷兰的用水量减少了25%，杀虫剂使用量减少了75%。此外，有案例研究也表明，绿色农业实践有利于土壤健康和生物多样性保护，例如巴西的覆盖种植使土壤有机质增加了22%，土壤侵蚀减少了40%。在经济上，中国向可持续农业转型的结果表明，由于投入成本降低，可持续生产的产品更容易进入市场，农民收入增加了10% ~ 20%（Yu et al.，2018）。因此，要形成以产出高效、产品安全、资源节约、环境友好为核心的绿色发展模式，促进土地、水和生物资源的集约循环利用。

第三，农业产业链绿色发展是实现农业农村生态价值转换、全面推进乡村振兴的必然选择。传统上，农业发展的核心是通过土地利用实现产量最大化。通过整合适度规模的整体产业链经营，利用绿色技术，调整生产模式，农业部门可以实现功能多样化，促进农村繁荣。这种向生态产业化的转型不仅能提高农业效率，还能促进产业发展与生态保护之间的共生关系，最终有助于农村的可持续发展和农村社区的全面振兴。

第四，农业全产业链绿色发展是促进向生态友好型农业过渡和确保农业高质量发展的重要战略。近来，全球气候变化现象加剧，自然灾害频发，给农业发展带来巨大挑战。与此同时，农业现代化也导致水、电等能源需求不断攀升。研究表明，农业和农村活动的碳排放量约占全国碳排放量的17%，农业和土地利用已成为中国第五大温室气体排放源，仅农业温室气体排放就超过总量的7%。① 在农业全产业链中，减少碳排放至关重要。实施碳汇、减排、提高资源效率和清洁能源利用等战略，是促进农业可持续发展、实现碳排放目标、为国家和全球生态保护作出贡献的必要举措。

---

① 生态中国网，https://www.eco.gov.cn/news_info/63190.html.

第四节　农业全产业链绿色发展对策建议

本章结合时代背景，提出农业全产业链绿色发展相应的对策建议。

第一，加快发展新质生产力，推动农业全产业链高质量发展。绿色发展是高质量发展的底色，新质生产力本身就是绿色生产力。新质生产力的发展包括引入和应用创新技术、技巧和实践，可以提高农业生产、加工和分销等产业链各个环节的效率、可持续性和韧性。除此之外，新质生产力可以推动农业的数字化和智能化，而且促进了农业与其他行业的融合。这种融合体现在与旅游、教育、文化等产业的深度合作，利用农业独特的资源禀赋，满足消费者的独特需求并提供更多的特色产品和服务。因此，发展新质生产力，能够增强农产品的竞争力，推动绿色农业产业链的优化升级，从而实现农业的高质量发展。

第二，优化全产业链协同机制，促进农业绿色发展转型。完善农户、企业、政府和消费者等参与主体之间的协同机制，协调发挥各方合力，细化任务举措，聚焦产前、产中、产后和终端多个环节，让产业链内部形成良性循环，实现节本增效。同时，加强科研机构、农科院校的协同合作，促成各方全程参与技术研发，加速技术成果转移，共建绿色食品产业中心，为农业绿色发展转型提供技术创新、产业孵化、人才培养和信息共享等一系列服务，从根本上解决绿色农产品产业模式不健全、资源利用率低和产业链融合增值效应不强等问题。

第三，调整产业布局，搭建助力绿色农业产业链建设的完整体系。在绿色化、生态化的发展要求下，核算农业产业环境承载容量，调整产业布局，重点发展精深加工，建设现代物流园，搭建网络销售平台，控制全产业链的碳排放。同时，立足农村资源禀赋，鼓励有基础有潜力的特色农业龙头企业开展供应链前后向一体化，前向拓展加大种质资源引进、研发和创新力度，后向拓展创新消费场景、挖掘消费需求，提高农业与乡村文旅、数字经济等新业态的融合深度，从而搭建安全、高质量和服务强的农业全产业链绿色发展体系。

第二部分　实践篇

第五章 盐城市加快建设农业全产业链
率先打造农业强市的对策研究

党的二十大明确提出，要全面推进乡村振兴，加快建设农业强国。乡村振兴，产业兴旺是关键。农业全产业链建设是实现乡村产业高质量发展、打造农业强市的重要路径。盐城市委、市政府高度重视农业全产业链建设工作，把粮油果蔬、肉制品加工等 2 条链纳入全市 23 条重点产业链培育行动计划，全面布局建设优质粮油、绿色蔬菜、经济林果、规模生猪、现代禽业、特色水产 6 条市域重点链和每个县（市区）2 条以上县域特色链。为更好地落实市委、市政府的决策部署，抓实农业全产业链建设，进一步明晰发展思路、探寻发展路径，本书聚焦如何增强全产业链韧性稳定性展开重点研究，认为农业全产业链建设应当坚持一产往后延、二产两头连、三产走高端"三产贯通"，注重纵向延伸、横向拓展、外向开放"三向发力"，推动市域六大主导产业重点链"六链并进"，强化协同化发展、绿色化转型、数字化装备、市场化运营、品牌化引领、利益化联结"六化融合"，以全产业链现代化加快推进农业强市建设，切实扛起"沿海地区农业农村高质量发展排头兵"的担当。

第一节 盐城市农业全产业链建设的现状分析

一、发展态势稳中向好

农业全产业链是农业研发、生产、加工、储运、销售、品牌、体验、消费、服务等环节和主体紧密关联、有效衔接、耦合配套、协同发展的有机整体。经过农业产业化探索、农村一二三产业融合发展，盐城市农业全产业链建设现在已经进入全面推进阶段，市委、市政府接连出台《盐城市重点产业链培育行动计划》《关于加快培育农业全产业链的实施方案》《关于推进全市农产品品牌培优提升工作方案》《关于加快培育新型经营主体的实施意见》等政策意见，全产业链建设形成了较好的发展态势，总体形成了"千亿主导产业支撑、千家龙头企业引领"的发展格局。

（一）产业基础优势明显

纵观盐城市农业，体量大、体系全、基础好的优势十分突出。2021 年底，全市农林牧渔业总产值实现 1 311.6 亿元，列全省第一位，成为长三角 27 个中心区城市中农业总产值唯一超千亿元的城市。生猪、蔬菜、家禽、水产、经济林果等主导优势产业规模均达百亿元以上，建成了 600 万亩优质稻、600 万亩专用小麦、500 万亩次优质果蔬、170 万亩海淡水养殖、750 万头生猪养殖和超 2 亿羽的肉蛋禽养殖等优质农产品生产供应基地，初步建成全国规模最大、科技领先的沿海现代渔业产业带和长三角地区最大的娟珊牛奶源基地，以占全国 0.61% 的耕地，生产了约占全国 1.05% 的粮食、0.7% 的肉类、1.93% 的蔬菜、1.8% 的水产品和 2.6% 的蛋类。粮食、生猪、家禽、蛋奶、水产、蚕桑等 14 个农产品规模和产量一直雄居江苏省第一，有力支撑了全产业链建设。[①]

（二）建链集群初具规模

全市已基本形成"6 + N"产业链发展格局，其中重点培育发展优质粮油、绿色蔬菜、经济林果、规模生猪、现代禽业、特色水产 6 条市域主导全产业链，培育茧丝绸、螺旋藻、甜叶菊、大闸蟹、青虾、乳制品、菊花、阜宁县黑猪、白首乌、西兰花、草莓、蜜梨、湖羊、辣椒、郁金香等 20 多个县域特色产业链。以加工环节为例，2021 年，优质粮油全产业链现有规模企业 161 个，加工产值超 192 亿元；绿色蔬菜全产业链现有规模企业 32 个，加工产值超 16 亿元；经济林果全产业链现有规模企业 26 个，

---

① 盐城市统计局，http://tjj.yancheng.gov.cn/col/col1779/index.html.

加工产值超 9 亿元；规模生猪全产业链现有规模企业 31 个，加工产值超
38 亿元；现代禽业全产业链现有规模企业 15 个，加工产值超 24 亿元；特
色水产全产业链现有规模企业 37 个，加工产值超 17 亿元。从全市来看，
全产业链集群化发展渐成趋势。①

（三）龙头企业不断壮大

全市拥有规模农业产业化龙头企业达 1 789 家，其中国家级 9 家、省
级 92 家，省级龙头数量全省最多，农产品年加工产值突破 3 210 亿元。培
育农业产业化联合体 87 个、家庭农场 3.2 万家、农民专业合作社 11 260
家，5 家农民合作社进入全国百强。② 中粮、光明、牧原、温氏等一批国
内知名农业龙头企业以及先正达、中江、隆平高科等知名种业企业落户盐
城市，培育了射阳县大米、大鹤蛋业、正源创辉、乾宝湖羊等全国一流产
业标杆，龙头带动效应初显。

（四）载体平台集聚发展

全市创成国家农村产业融合发展示范园 2 个、首批省农村一二三产业
融合发展先导区 1 个。建成省级农产品加工集中区 10 个。建成各类现代
农业产业园区 186 个，其中，国家级 4 个、省级 13 个，省级农业科技园
区实现市、县、区全覆盖。建成省级农产品批发市场 7 个、国家农业产业
强镇 6 个、国家级休闲农业与乡村旅游示范县 3 个。建有杂交稻种业、水
稻栽培及西甜瓜种植等 3 个院士工作站和创新基地，2 家种业企业在“新
三板”挂牌上市，载体平台进一步提升了产业链的创新集聚发展。③

二、建设成效初步显现

农业全产业链的建设加快了农业转型升级，有效提高了农业质量效益
和竞争力，有力促进了乡村产业振兴和农民持续增收。

（一）有力有效保障农产品供给

农业的基础功能是保障粮食和食物供给，农业全产业链建设进一步加

---

① ② ③　盐城市统计局，http://tjj. yancheng. gov. cn/col/col1779/index. html.

密了供产储运销的联结，也更有力地保障了粮食等重要农产品供给。以粮食为例，2022年全市粮食总产常年保持在70亿公斤以上，一年产量可满足5000多万人口消费需求、全国人民13天粮食消费需求。射阳县发展大米产业链，"射阳县大米"品牌价值达245.32亿元。产销的有效衔接促进了射阳县大米规模产量持续扩大，对保障粮食安全作出积极贡献。

（二）有力有效提升市场竞争力

全市创成国家级农产品质量安全县3个，省级以上农产品质量安全县在全省率先实现全域覆盖，绿色优质农产品比重达71.8%，打造了"盐之有味"农产品区域公用品牌，拥有农产品中国驰名商标13个、地理标志证明商标56个、地理标志产品19个，全市年销往上海的农产品超过300亿元，占全市农产品产值的四分之一，约占上海市场鲜活农产品销售总量的10%。以蚕桑产业链为例，江苏富安茧丝绸股份有限公司联结优质蚕业基地6万多亩，带动养蚕农户4万户，年产优质蚕茧10万多担，高等级白厂丝600吨，高档丝绸面料100万米，形成了从栽桑养蚕、蚕茧收烘、自动缫丝到高档织造于一体的完整茧丝绸产业链。"FUAN"牌桑蚕丝荣获"中国名牌产品"称号，出口日本、意大利、法国、美国等高端市场，拥有国际市场定价权，"FUAN"牌高等级生丝的国际高端市场占有份额达40%。①

（三）有力有效促进融合发展

全产业链建设是融合农文旅、拓展农业多种功能的重要手段。近年来，康养休闲、农村电商、直播带货、创意定制、中央厨房等新产业新业态蓬勃发展，休闲观光、农产品电商均以年均10%以上速度增长，2021年，休闲农业年综合收入达197亿元，农村电商销售额达216亿元。② 大丰荷兰花海无中生有，做强花海、精耕花田、经营花市，打造集观光旅游、餐饮娱乐、种植研发于一体的具有荷兰风情的花海，在全国叫响了"赏花经济"品牌，创造了农业链条横向拓展、产业转型升级的一个奇迹。2021年，大丰草堰镇三官村通过引进新主体，投资5亿多元，建成了世界最大的永久性树篱梦幻迷宫，实现了"三生"（生产、生活、生态）、"三

---

①② 盐城市统计局，http://tjj.yancheng.gov.cn/col/col1779/index.html.

产"（农业、加工业、服务业）的有机融合与关联共生，成为集旅游养生、餐饮住宿、拓展锻炼、研学教育、婚庆演艺、购物娱乐等多功能于一体的乡村产业联合体，2021 年 1 300 多亩地年实现收入 3 000 多万元。

（四）有力有效带动富民增收

全产业链建设有利于凝聚资源要素、优化合作机制，实现多主体互利共赢。射阳县鹤乡菊海现代农业产业园，以菊花全产业链发展为方向，以农户个体为基点、村企带动为纽带、产业化合作为平台，积极打造集高效生产、科研示范、生态观光和文化体验于一体的农业特色小镇，年接待游客超 60 万人次，带动农民增收 2 000 多万元。2021 年，全市村级集体经营性收入达 14.02 亿元，村平均 64.3 万元，集体经营性收入达 30 万元以上的占 80.6%。农民人均可支配收入达 26 049 元，居江苏苏北 5 市首位，城乡收入比为 1.68∶1，农民群众获得感幸福感明显增强。①

三、短板弱项仍然存在

当前，盐城市农业全产业链建设已有一定的基础，在全省走在前列，但是对标打造更具竞争力、引领性的现代化产业链，建设农业强市，还有一些亟待解决的堵点、难点、痛点。

（一）大型"链主"企业不多不强

全市还没有一家开票销售超百亿元的农业龙头企业，群链牵引力强、产出规模大、创新水平高、核心竞争力突出的链主型企业还不多。食品行业中国家高新技术企业、省级以上企业技术中心数量分别仅占全市 1%、1.9%。全产业链建设具有专业素养的企业家相对较少、专业人才相对匮乏。同时，在全国市场叫得响的品牌不多，佳丰油脂的恒喜食用油、宁富食品的宁富猪肉等虽然获评中国驰名商标，但整体知名度仍然不高，相关产品与大众熟知的品牌销量差距较大。

---

① 盐城市统计局，http://tjj.yancheng.gov.cn/col/col1779/index.html.

（二）链条"前粗后细"问题比较普遍

在长三角 27 个城市中，全市农业经济总量居首位，而农产品加工业产值仅居第 13 位，农产品加工业产值与农业总产值比为 2.44∶1，低于全省 3∶1 的平均水平。① 粮食、肉食品、果蔬等产业链布局散、链条短，存在"断链缺环"情况，链上环节前中后端匹配度不高。食品初级加工多、深层次加工少，中间产品多，终端产品少，传统低效产品多，现代高质高效产品少，以原料初加工为主的农副产品加工占全市食品工业总量的 80% 左右。如粮食加工，仍以原粮初加工为主，精深加工产品少，二次和三次转化增值能力不强。产业链部分环节在大部分地方雷同，缺乏差异化竞争和深度开发，产业链的多元化发展不充分。

（三）区域协同聚合效应不够明显

同类产业中的企业之间的创新协同、产销协同等方面配套关系不够紧密，产业分工、协作联动不够。以大米为例，9 个县（市、区）都有种植，全市以射阳县大米龙头组建了大米产业促进协会，运营时间不长，缺乏有效的利益分配机制，协同发展不够。企业主体在产业链中占主导地位，片面追求自身经济利益最大化，与上下游端的小农户等市场主体在加工、流通环节利益联结不够紧密，产业链的聚合效应有待加强，抵御风险整体协同性不足。

（四）产业发展环境有待优化

全产业链建设中全市成立的产业协会、产业联盟居多，缺少企业集团化运作模式，带动产业发展、农民增收的"盐字号"集团军较少。区域之间、产业链之间政策主体缺乏协同，容易造成扶持内容重复浪费，各产业链间发展割裂，不利于延伸打造深层次多维度的区域产业链。服务链发展滞后，仅满足于基本服务要求，在农资供给、农产品研发、宣传、推广、信息化投入等方面尚有服务不到位现象，农业配套服务业品牌鲜见。政策扶持方面，尽管在用地、厂房、参股、金融担保等方面提供一系列优惠条

---

① 盐城市统计局，http://tjj.yancheng.gov.cn/col/col1779/index.html.

件，但是帮助企业叠加用好各类扶持政策、专项资金的服务不到位，有的地方农业项目用地等政策难落地，一些农业企业、创业主体还存在贷款难、贷款贵的现象。

第二节　国内农业全产业链发展典型的经验启示

国内不少地区在探索农业全产业链建设方面取得了积极成效，为盐城市农业全产业链的深入发展、提升能级提供了宝贵经验和借鉴思路。

一、典型模式

（一）以区域协同型为主要特征的河南模式

这是从宏观层面布局推进农业全产业链建设的模式探索。河南省是全国农业全产业链发展的一面旗帜。近年来，河南充分发挥"链主"企业的创新引领作用，带动产业升级，探索形成贯通农业供应链、价值链、信息链、资金链"四链协同"模式。河南漯河市通过延伸产业链、提升价值链、打造供应链"三链同构农食融合"全产业链发展模式，形成"纵横贯通、无缝衔接"的食品产业生态，仅食品产业年营业收入超 2 000 亿元，约占河南的 1/6、全国 1/60，农产品加工业与农业总产值高达 4.5∶1，年加工转化粮食 600 万吨、产销肉制品 680 万吨，日产休闲面制品 3 500吨，产品涵盖 18 个大类、50 多个系列、上千个品种，其中麻辣面制品、火腿肠、冷鲜肉单品产量全国第一。①

（二）以龙头带动型为主要特征的中粮集团模式

这是从企业主体层面开展农业全产业链建设的模式探索。中粮集团是国内一个大型农业龙头企业。2009 年初，中粮集团首先将全产业链的开发与建设确定为企业在新时期的竞争战略，打造从田间到餐桌的全产业链。中粮以食品为主线，构建立体产业生态链，现如今已在小麦、玉米、油脂

---

① 河南省统计局，https://tjj.henan.gov.cn/tjfw/tjcbw/tjnj/.

油料、稻米、大麦、糖和番茄、饲料和肉食八个领域上分别搭建起了相对完整的产业链条。2021 年收入达 6 649 亿元，利润总额达 238 亿元，其中农粮核心主业利润超 100 亿元，[①] 连续三年实现了业绩超同期、超历史、超预算、超预期，高居全球农粮食品行业资产及经营量榜首，成为构建全球农粮产业链的深度参与者和畅通全球农粮供应链的坚定推动者。

（三）以特色资源主导型为主要特征的常山胡柚模式

这是从产品微观层面进行农业全产业链建设的模式探索。浙江“中国常山胡柚之乡”全县胡柚种植面积达 10.5 万亩，年产量达 14 万吨，总产值达 15 亿元以上，相关从业人员 10 万人，走出了一条“果树 + 果园 + 工厂 + 公园”的发展模式。全县 12 家精深加工企业，按照“饮、食、健、美、药、香、料、茶”，将约 40% 的鲜果开发成胡柚囊胞、果茶、果脯、果汁、酵素等 50 多款产品。用胡柚青果加工而成的“衢枳壳”，被列入道地中药材，年产量近 6 000 吨，产值超 2 亿元。结合常山国际慢城规划，打造胡柚景观林、十里柚香街、胡柚文化展示馆、胡柚祖宗树主题公园等休闲农业景观，已累计为农民增收 2 000 万元。与此相类似的，还有一朵茉莉花串起花茶、盆栽、食品、旅游、用品、餐饮、药用、体育、康养 9 个产业链的广西横县模式。[②]

二、发展趋势

（一）产业基础高级化、产业链现代化

围绕高质量发展要求，国家强调要推进产业基础高级化、产业链现代化。这是促进产业高端跨越、智能升级、绿色转型的普遍要求，也是农业全产业链建设的重要方向。产业基础高级化和产业链现代化已成为更好地平衡产业链的安全和效率、增强产业链的黏性和韧性、提升农业产业发展层次的核心要求。

---

① 中粮集团，https：//www.cofco.com/search/index.aspx？keyword=2021%u5E74.

② 中国农业品牌研究中心，http：//www.brand.zju.edu.cn/2023/0807/c57338a2788148/page.htm.

（二）农业全产业链绿色化、数字化

近年来，农业绿色发展格局逐步形成，更好地适应了消费者需求小型化、品质化、精致化特质。据公开信息显示，2012～2019 年，全国农业绿色发展指数从 73.46 提升至 77.14。① 同时，随着第五代移动通信技术（5G）、区块链等新技术加快融入全产业、全链条，全产业链建设现已进入智慧化、数字化发展的新阶段。

（三）农业全产业链加快功能拓展、跨界融合

随着中国式现代化建设持续推进，我国农业的食品保障、生态涵养、休闲体验、文化传承等多种功能和经济、生态、文化等多元价值日益凸显。据国家统计局和农业农村部首次公布的数据，2020 年农业及相关产业的增加值达到16.69 万亿元，占国内生产总值16.47%，② 农业和相关产业比农林牧渔业增加值扩大了将近 1 倍。农业全产业链加快产业跨界融合、要素跨界流动、资源集约配置，涌现了"农业 + 文化""农业 + 康养""农业 + 城镇"等一系列新产业新业态新模式。比如休闲农业作为一个典型的"跨界产业"，促进农业"接二连三"，近年来在很多地方发展迅猛、方兴未艾。

（四）农业全产业链出现新风口、新赛道

最有说服力的当数预制菜产业。预制菜产业一头连接田间地头，一头连接市场餐桌，涉及原料生产、食材加工、菜品研发、物流运输、市场营销等产业链诸多环节。2021 年，我国预制菜产业市场规模为 3 459 亿元，2017～2021 年年均复合增长率超过25%。据中国预制菜产业联盟预测，未来 5 年内将突破万亿元规模。据不完全统计，全国已有广东、山东等地的 30 多个市县公布预制菜产业专项政策，抢占预制菜产业发展赛道。预制菜市场渗透率仅8%左右，预计 2030 年可增至 15%～20%，发展潜力巨大。③

---

① 《中国农业绿色发展报告 2020》。

② 国家统计局，https://www.stats.gov.cn/xxgk/sjfb/zxfb2020/202201/t20220112 _1826192.html。

③ 《艾媒咨询丨2022－2023 年中国预制菜产业发展趋势及商业布局分析报告》。

三、借鉴启示

借鉴各地成功实践经验，跟踪农业全产业链发展最新前沿趋势，对推进盐城市农业全产业链建设有诸多启示。

第一，规模特色是农业全产业链发展的基础。虽然各地全产业链发展模式不同，但都是立足自身规模优势、特色禀赋、比较优势分类施策，多层次、深层次推动农业全产业链发展。盐城市农业全产业链建设应当立足作为江苏省、长三角乃至全国的农业大市最大实际，把握长三角这一人口密度高、经济发展快、市场容量大、消费需求旺等优势，因业建链、因地制宜，不搞一刀切、不搞一个模式，避免重复建设和无序竞争，探索具有盐城市特色的农业全产业链发展模式。

第二，市场导向是农业全产业链发展的原则。全产业链也是农业全产业链嵌入消费产业后结构更完整的创新产业链条。盐城市全产业链建设应当立足"市级六大产业大循环，县级规模品种大循环小特品种内循环"的双轮驱动经营格局，树立"以需求导向倒做全产业链"的经营理念、"优势互补抱团经营"的经营思路，确立"做大蛋糕保障利益共享"的经营机制，实现现代农业全产业链围绕市场需求中心运行，加快功能拓展、跨界融合，打造特色鲜明、链条健全、联结紧密、业态丰富、创业活跃的农业全产业链，提高农业增值增效深度和功能价值开发广度。

第三，改革创新是农业全产业链发展的动力。农业全产业链建设应当加快农业供给侧结构性改革，充分利用数字经济等新技术新业态，解决价值链低端锁定等问题，加快产业链绿色化、数字化。突出科技创新赋能，实现科技创新链与农业全产业链深度融合，大力整合农业全产业链前、中、后三环节上的产学研优势力量，全面集聚人才、资金、技术、项目等创新要素，提升产业链条的核心竞争力。

第四，多方协同是农业全产业链建设的关键。多地实践表明，全产业链建设涉及多领域、多主体，应当统筹推进、分工协作，充分发挥好政府"有形之手"和市场"无形之手"两者的作用，将优化政府的规划引导、统筹协调和公共服务职能与尊重市场对资源配置的决定性作用有效结合起来，推进政府、协会、龙头企业与农户等广大农业生产主体的深度协同，以政府有为促进市场更加有效，以市场有效检验政府有为，为产业链建设提供良好环境。

第三节 盐城市农业全产业链建设促进
乡村产业提质增效的发展布局

农业全产业链发展可以推动关联产业发展（见图5-1），根据《盐城市重点产业链培育行动计划》，对照全市粮油果蔬加工和肉制品加工两条重点产业链，紧盯细分领域和关键节点，重点培育发展优质粮油、绿色蔬菜、经济林果、规模生猪、现代禽业和特色水产6条产业链条全、创新能力强、绿色底色足、联农带农紧、安全可控的农业全产业链（见图5-2），各县（市、区）因地制宜培育发展2条以上地域特色产业链，引领带动全市农业全产业链建设。

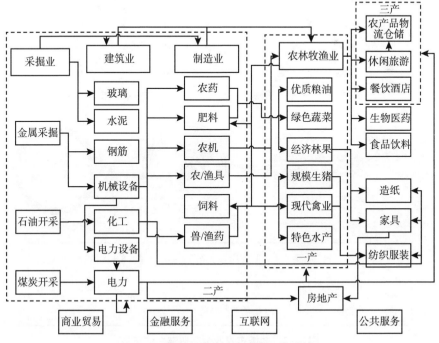

图5-1 农业全产业链发展产业关联情况

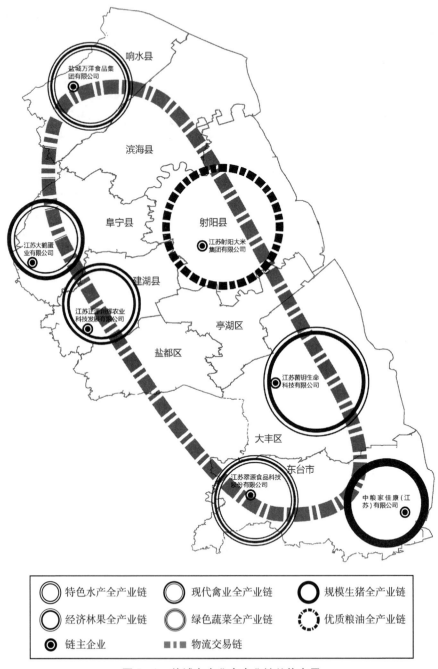

图 5－2　盐城市农业全产业链总体布局

一、优质粮油产业链

根据盐城市优质粮油产业布局，沿海地区重点发展优质弱筋麦、优质迟熟中粳稻；里下河地区主攻中强筋专用红皮麦、优质食味稻米；渠北地区大力发展优质强筋麦、中熟中粳稻；稳定恢复油菜、花生等油料作物生产，大力发展精米加工、植物油和专用油、食品专用粉和面粉深加工。其优质粮油全产业链结构和产业链布局见图 5 - 3 和图 5 - 4。

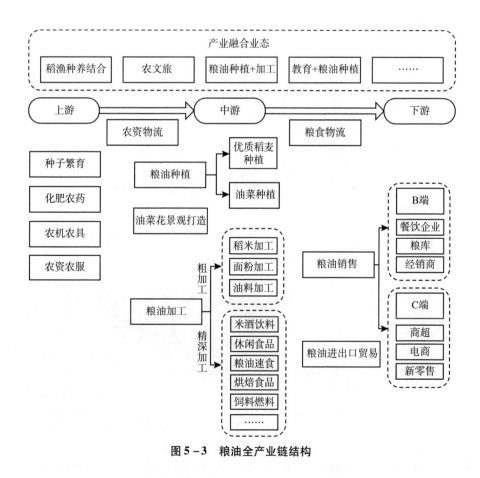

图 5 - 3　粮油全产业链结构

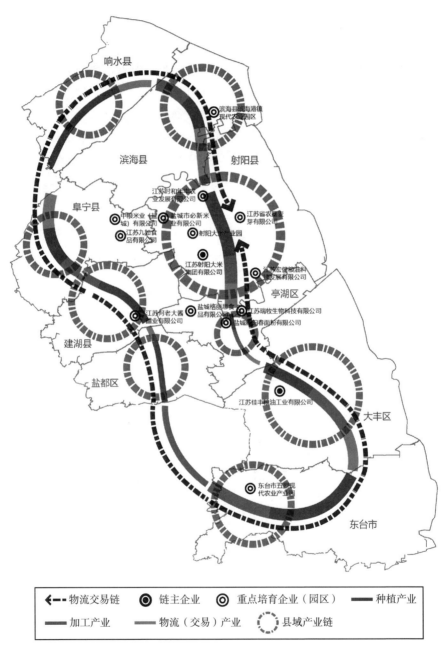

图 5 - 4　盐城市优质粮油全产业链布局

由图 5 - 4 可以看出，盐城市优质粮油全产业链发展程度最高，以射阳县为代表，各县市区基本形成了次级全产业链，但加工、物流交易等产业较弱，精深加工少。次级产业链发展方面，种植业规模较大的东台市仍缺少物流交易。未来全市粮油全产业链发展应以固链、延链为主，即稳定种植规模、增加加工和物流贸易。

二、绿色蔬菜产业链

根据盐城市绿色蔬菜产业布局，渠北地区重点发展甘蓝类、菜用豆等；沿海地区重点发展茄果类、葱蒜类、叶菜类、菌菇类等；里下河地区重点发展茄果类、水生蔬菜等；积极发展脱水蔬菜、速冻蔬菜、蔬菜汁、蔬菜罐头、腌制蔬菜等新型蔬菜加工制品以及方便净菜、袋装蔬菜、真空保鲜蔬菜等鲜切蔬菜。其绿色蔬菜全产业链结构和产业链布局见图 5 - 5 和图 5 - 6。

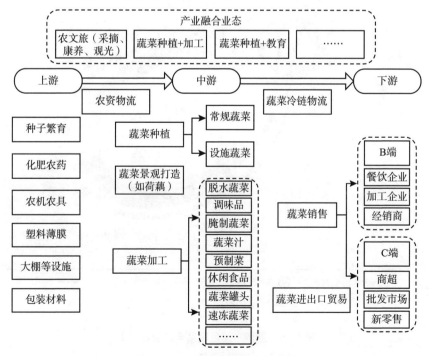

图 5 - 5　绿色蔬菜全产业链结构

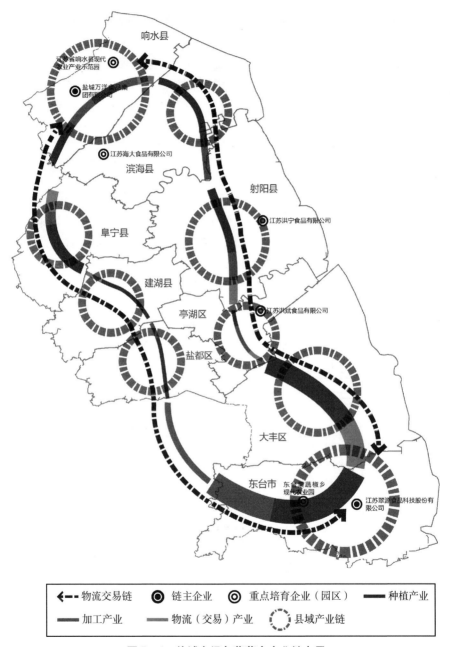

图 5 - 6 盐城市绿色蔬菜全产业链布局

从图 5 - 6 可以看出，盐城市绿色蔬菜全产业链建设以响水县为代表，万洋食品集团为"链主"，从全县来看，蔬菜加工和物流是短板，大丰缺少农产品加工集中区，东台市和滨海县缺少蔬菜物流贸易，阜宁县和盐都区尚未形成蔬菜规模种植和产业化。多个县市区缺少带动能力强的龙头企业。因此，未来蔬菜全产业链发展要主攻延链和补链。

三、经济林果产业链

根据盐城市经济林果产业布局，黄河故道地区适度扩大梨、桃、葡萄种植规模，打造故道地区优质果品生产基地；沿海地区重点发展西瓜、梨、柿、银杏等，打造沿海特色林果产业带；城市近郊重点发展设施草莓、设施葡萄等特色种植，积极发展都市农业；大力推进草莓、葡萄、桃果、中药材等深加工。其经济林果全产业链结构和产业链布局见图5-7和图5-8。

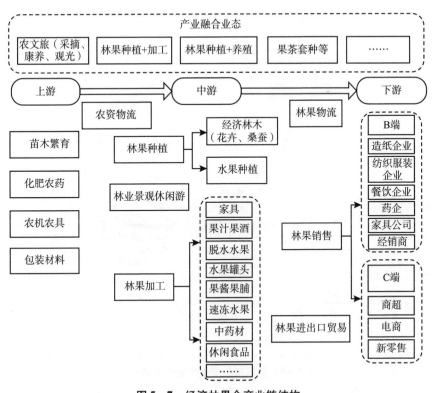

图5-7　经济林果全产业链结构

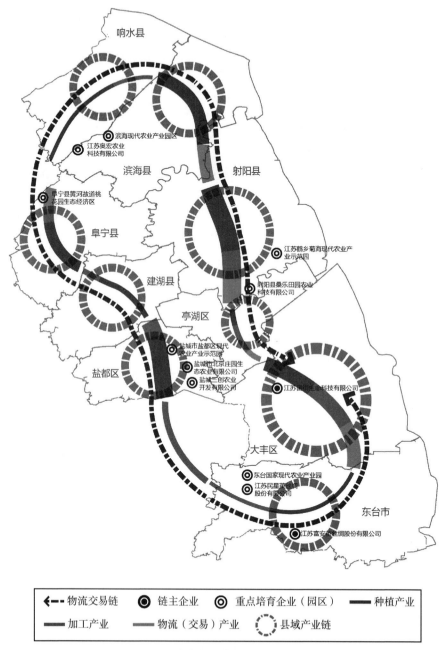

响水县

滨海现代农业产业园区
江苏奥宏农业
科技有限公司

滨海县　　　射阳县

阜宁县黄河故道桃
花园生态经济区

阜宁县

江苏鹤乡菊海现代农业产
业示范园

建湖县

射阳县桑乐田园农业
科技有限公司

亭湖区

盐城市盐都区现代
农业产业示范园
盐城世北京庄园生
态农业有限公司
盐城兰创农业
开发有限公司

盐都区

江苏润阳生命科技有限公司

大丰区

东台国家现代农业产业园
江苏民星茧丝绸
股份有限公司

东台市

江苏富安茧丝绸股份有限公司

◀--- 物流交易链　　◉ 链主企业　　◎ 重点培育企业（园区）　　━━ 种植产业

━━ 加工产业　　━━ 物流（交易）产业　　⊂⊃ 县域产业链

图 5 - 8　盐城市经济林果全产业链布局

从图 5 - 8 可以看出，盐城市经济林果全产业链建设以大丰为代表，其中江苏菌钥生命科技和富安茧丝绸是链主企业，加工贸易型龙头企业少。次级产业链培育方面，滨海县缺少加工和龙头企业，响水县、建湖县等缺少物流贸易。未来全产业链发展以强链和延链为主。

四、规模生猪产业链

根据盐城市规模生猪产业布局，推进银宝集团规模生猪养殖和银宝大地禾连锁农场等建设项目，形成东台市、大丰区为主的南部养殖区域；滨海县、响水县等为主的北部养殖区域；阜宁县、建湖县等地为主的中部养殖区域；射阳县、盐都区为主的东部养殖区域；重点发展冷冻肉、冷鲜肉、低温肉制品，支持发展休闲肉类制品、保健肉类制品。其规模生猪全产业链结构和产业链布局见图 5-9 和图 5-10。

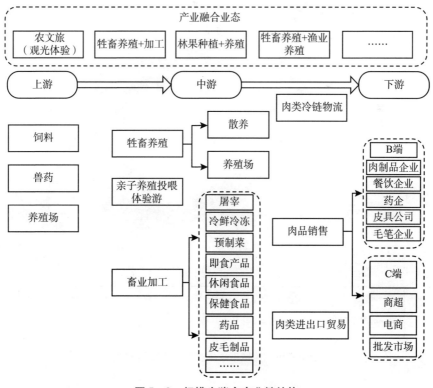

图 5-9　规模生猪全产业链结构

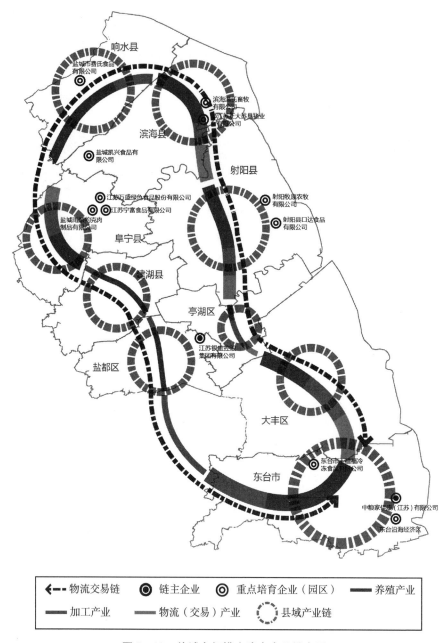

图 5 - 10　盐城市规模生猪全产业链布局

从图 5 - 10 可以看出，盐城市规模生猪全产业链建设呈现块状分布，以东台市次级链为代表，中粮家佳康和银宝集团是链主企业，南部片区加工和贸易龙头企业少。受环保等养殖条件限制，未来规模畜业全产业链发展以固链、延链为主，即稳定产业化养殖规模，延长精深加工和产业融合业态，提高抗风险性。

五、现代禽业产业链

根据盐城市现代禽业产业布局，重点建设灌溉总渠以南为主的良种蛋（肉）鸡产业带、灌溉总渠以北为主的优质草鸡产业带、里下河地区为主的水禽产业带，在整鸡加工销售的基础上，鼓励发展分割肉产品、休闲食品、禽肉预制品、新型蛋制品。其现代禽业全产业链结构和产业链布局见图 5 - 11 和图 5 - 12。

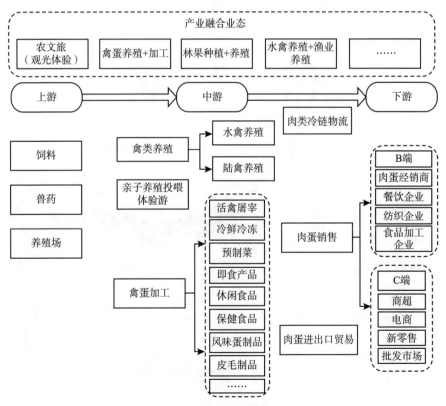

图 5 - 11　现代禽业全产业链结构

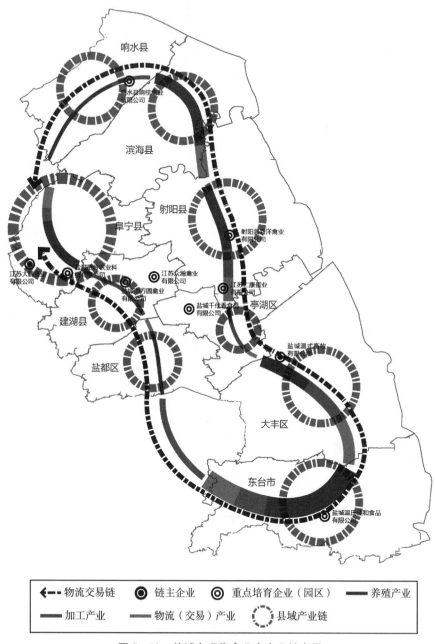

图 5 - 12　盐城市现代禽业全产业链布局

从图 5 - 12 可以看出，盐城市禽业全产业链发展基本形成了次级产业链，以阜宁县为代表，大鹤蛋业和温氏畜牧是链主企业，龙头企业地域分布集中于中部，但表现为前端粗壮、后端细小，未来须继续壮大蛋禽加工贸易产业。

六、特色水产产业链

根据盐城市特色水产产业布局，里下河地区建设生态渔业拓展区，重点发展河蟹生态养殖、稻田综合种养及形式多样的休闲渔业新业态；沿海高速公路沿线建设虾类绿色发展集聚区，重点发展南美白对虾、罗氏沼虾等健康高效养殖；228 沿线建设健康养殖示范区，发展海淡水渔业养殖；提升二次加工、即食品加工、海洋捕捞产品深度加工等水平。其特色水产全产业链结构和产业链布局见图 5-13 和图 5-14。

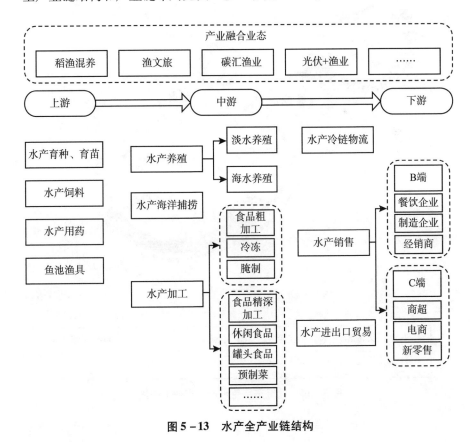

图 5-13　水产全产业链结构

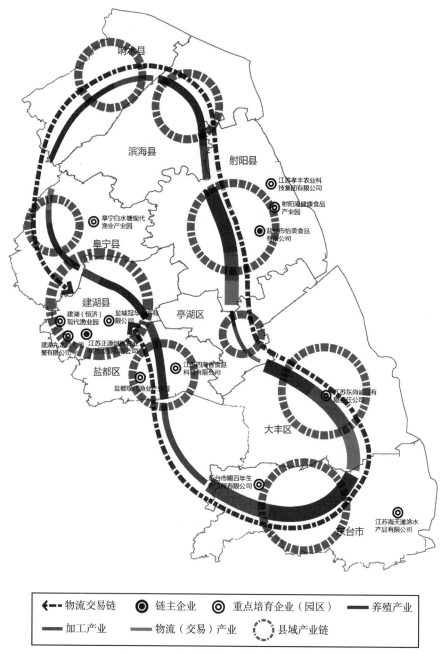

图 5-14　盐城市特色水产全产业链布局

从图 5 - 14 可以看出，盐城市特色水产全产业链发展较弱，正源创辉和怡美食品是链主企业，现有链以淡水养殖为主，北部靠海区域缺少龙头企业，产业化不足。未来需要进一步壮大水产养殖、提升水产加工和贸易等薄弱环节。

第四节　提升盐城市农业全产业链韧性稳定性的举措探讨

农业全产业链建设是新时代的发展趋势，也是推进乡村产业高质量发展的重要抓手。全市应当认真贯彻党的二十大精神，瞄定"勇当沿海地区农业农村高质量发展排头兵"目标追求，围绕"构建全产业链、形成产业集群、打造产业生态"的思路，聚焦产业基础高级化、产业链现代化，坚持一产往后延、二产两头连、三产走高端"三产贯通"，注重纵向延伸、横向拓展、外向开放"三向发力"，推动市域 6 大主导产业重点链"六链并进"，强化协同化发展、绿色化转型、数字化装备、市场化运营、品牌化引领、利益化联结"六化融合"，编制产业关联图、布局图、结构图及招商图"四张路线图"，建设"6 + N"农业全产业链集群，不断增强产业链韧性稳定性，切实提高农业质量效益和竞争力，着力打造东部沿海大粮仓、生态食品大超市、乡村休闲大花园，为加快建成农业强市提供坚强支撑。通过几年努力，使农业全产业链标准体系更加健全，农业全产业链价值占市域生产总值的比重实现较大幅度提高，乡村产业链供应链现代化水平明显提升，现代农业产业体系基本形成；培育一批规模超百亿元的农业"链主"企业、规模超百亿元的典型县、市域全产业链规模超千亿元的重点链，保持农业全产业链高质量发展走在江苏省前列，打造长三角农业全产业链建设新高地。

一、统筹产业布局，推动全产业链协同化发展

全产业链建设的基础在农业在乡村，应当强化区域统筹，着力推进横向、纵向、外向融合发展，做好延链、补链、壮链、优链文章，增强协同

化发展。一是统筹市县镇。坚持战略导向，深化顶层设计，整合、优化、协同全市域农业全产业链资源，编制盐城市农业全产业链发展规划，谋划近期、中期、长期的发展目标思路。坚持市级统筹、县级主导、镇村参与，一体化推进全产业链科学布局，支持农产品加工业向县域布局，引导农产品加工流通企业在镇一级建设加工园区和物流节点。市县绘制全产业链总体布局图、全产业链关联图、全产业链招商图、6条重点链结构示意图及发展布局图，市级层面主推优质粮油、绿色蔬菜、经济林果、规模生猪、现代禽业和特色水产6条重点产业链，9个县（市、区）形成N条特色产业链，每个县（市、区）因地制宜培育发展2条以上地域特色产业链，全面延伸产业链条到镇村，实现全产业链整体性、关联性、协同性发展。二是贯通产加销。推进产业链纵向前延后伸，以农产品加工业为"干"贯通产加销，创造新供给。立足产业链最前端，全面实施种业振兴行动，推进创新攻关、企业扶优、基地提升、市场净化"四大工程"，打造一批"育繁推一体化"现代种业集团，建设沿海良种繁育"硅谷"。农产品加工业是农业全产业链条上产值最高、带动农民增收力度最大的乡村产业，也是盐城市产业链上的最大短板，应当以"粮头食尾""农头工尾"为抓手，大力发展农产品初加工和精深加工，鼓励农业龙头企业转型发展预制食品、中央厨房等新产业模式，带动产业链上下游协同发展，做强绿色、健康、具有盐城市特色的食品加工业，不断健全完善"从种子到餐桌"的农业全产业链条。外向上大力提升全产业链开放度，优化产业链空间结构，立足"双循环"新发展格局，加快农业全面融入长三角、东北亚经济圈，打造区域融合的农业全产业链。三是融合农文旅。加快产业链横向功能深度融合，以乡村休闲旅游业为"径"融合农文旅，推动农业与旅游、教育、康养等产业融合发展，培育发展创意农业、休闲农业、教育农园、康养农业、体验农业等新产业新业态，加快构建主导产业带动关联产业的辐射式产业体系。实施乡村休闲旅游精品工程，打造城郊都市休闲圈和里下河水乡风光带、沿海滩涂风光带、故黄河生态风光带"一圈三带"农旅美景，建设"三生融合"的乡土小村、特色小镇、产城园区等，促进生态涵养功能加快转化、休闲体验功能高端拓展、文化传承功能有形延伸。

二、突出生态优先，推动全产业链绿色化转型

盐城市正在加快建设绿色低碳发展示范区，绿色是农业的本色和应有之义，全产业链建设应当坚持绿色、低碳、循环导向，争创国家农业绿色发展先行区，变生态优势为产业优势、经济优势、竞争优势。一是构建农业绿色生产供应链。全面推行农业绿色低碳生产方式，深入开展农药化肥减量增效行动，推进有机肥替代化肥示范区、农作物病虫害绿色防控示范区建设。加强畜禽水产养殖污染防治，大力实施池塘生态化改造工程，推进农膜、秸秆等农业废弃物资源化利用。坚持加工减损、梯次利用、循环发展方向，统筹发展农产品初加工、精深加工和副产物加工利用；促进农产品商品化处理，改善田头预冷、仓储保鲜、原料处理、烘干分级设施装备条件，减少产后损失。建立健全绿色流通体系，突出加快中央厨房、中农联云仓农商城、大丰区沿海冷链物流智慧城等农产品物流加工重点项目建设，加快农产品批发市场改造提升，发展农产品绿色低碳运输，创新农产品冷链共同配送、生鲜市场＋冷链宅配、中央厨房＋食材冷链配送等经营模式，促绿色农产品消费。二是推进产业集聚循环发展。以绿色为导向，推动农业与食品工业、生产服务业等融合发展，完善绿色加工物流、废弃物资源利用等基础设施，建设一批绿色农业产业园区、产业强镇、产业集群，引导资本、科技、人才、土地等要素向产区和物流节点等聚集。促进农产品加工业与企业对接，引导大型龙头企业重心下沉，向农产品加工园区集中，降低交易成本。推进企业循环式生产、产业循环式组合，大力推广有机种植、健康养殖、种养循环、农牧结合、能源利用等生态循环农业发展模式，推行粮油、粮豆、粮经轮作等轮换种植模式，构建"项目内部小循环、产业链接中循环、片区经济大循环"的三级生态农业循环体系，形成新的经济增长源。三是加大绿色技术创新应用。推进农业绿色技术集成创新，开展土壤改良培肥、节水节肥节药、废弃物循环利用、绿色加工等关键技术攻关，推进生产技术集约高效，建立农业绿色发展技术体系。加大绿色投入品、绿色农机装备研发推广，推动设施装备配套齐全，转型升级，促进产学研推用深度融合。推进农业绿色技术创新平台载体建设，引导大型农业企业集团牵头建立绿色技术创新中心，建立绿色发展科

技创新联盟，强化农业全产业链绿色发展科技支撑。

三、强化创新驱动，推动全产业链数字化装备

　　数字经济已经成为驱动农业发展的新引擎，应当坚持把数字转型作为农业全产业链建设的关键增量，以数字化赋能充分激发发展动能。一是全面推进三类设施数字化提升。突出建好传统基础设施、网络基础设施、信息服务设施三类基础设施，加强数字农业科研攻关和人才培育，支持"链主"企业提高自主研制能力，全面夯实农业全产业链数字化转型的基础支撑。改造传统基础设施，开发建设农产品智慧冷链物流等系统。优化信息服务设施，推进"盐农云"农业农村大数据平台二期和三期工程建设，加快提升服务效能。二是全面推进三大环节数字化转型。加快数字技术与种植业、畜牧业、渔业、农机作业等生产环节深度融合，组织实施智慧农业园区建设工程，建设智慧大田、智慧菜园、智慧果园、智慧花园、智慧渔场和智慧牧场，打造一批科技含量高、品质效益好、辐射带动强的数字农业示范项目。加快农产品加工环节数字化转型，研发推广精深加工数字化技术及相关智能装备，打造农产品仓储数字化管理系统，推动农产品加工仓储向数字化、智能化方向转型升级，努力实现"智改数转"全覆盖。加快农业流通环节数字化转型，采取"1＋1＋N"运营模式，构建适应网络销售的农产品供应链体系、运营服务体系和支撑保障体系。创新农产品电商发展模式，推广"直播带货""基地直采""众筹农业""定制农业"等新模式、新业态，打造网上"农交会""苗交会"，推进农业电商集聚抱团发展。实施农业服务数字化转型行动，探索"一站式"云服务新模式，积极创建国家级"互联网＋"农产品出村进城工程试点县，省级试点县实现县县全覆盖。三是全面推进三项管理数字化赋能。突出资源、质量、安全三大重点，加快构建数字农业农村管理体系。加强农业资源数字化监管，加强对农业面源污染、农业投入品、农村人居环境整治等进行监测和管理，构建"天空地一体化"产能监测评价"一张图"。加强农产品质量数字化监管，改造提升农产品质量安全监管平台，打造全过程、一体化的农产品质量追溯体系。加强农业安全数字化监管，构建农业全产业链安全生产风险感知和预警体系，构建全方位、立体式的风险防控"一张网"。

四、注重主体培强，推动全产业链市场化运营

市场主体是全产业链建设的生力军，应当坚持市场主体主导地位，多元化培强各类主体，促进多主体分工协作，构建良好产业生态。一是壮大链主龙头强引力。实施农业龙头企业"规模效益双倍增行动"，积极引导农业产业化重点龙头企业参加全市企业"争星创优"活动，既注重企业多样性培育，又要注重规模拓展，形成一批链主型、领军型农业龙头企业和企业集团。加大农业全产业链登门招商力度，采取"市级点菜＋县级端菜"的方式，引进培育一批年销售超 10 亿元、20 亿元的规模龙头企业，突破年销售超 30 亿元、50 亿元的领军龙头企业。依托全市 9 家国字号龙头企业和 92 家省级龙头企业，① 引导龙头企业有效整合上下游产业链，采取兼并重组、股份合作、资产转让、资本运作等形式，建立"盐字号"稻米、蔬菜、肉品、禽业等大型企业集团，打造具有全国影响力的全产业链企业集群。加大农业企业上市挂牌培育力度，拓宽融资渠道。二是培强新型主体增活力。强化农民合作社和家庭农场基础作用，开展农民合作社"双建双创"行动，促进农民专业合作社提质发展，分类打造地缘性合作社、同品类合作社、垂直性合作社，培育农民专业合作社联合社。规范家庭农场发展，探索建立家庭农场主补充养老保险制度，加大种植养殖补贴、技术与服务支持，提高种植养殖成功率和产品收入转化率。建立家庭农场联合发展机制，鼓励专业合作、股份合作、综合合作等多元化发展方式，组建一批家庭农场联盟。三是创新联合机制聚合力。创新各类主体联合机制，龙头企业或链主企业牵头，与种业公司、收储企业、种植大户、合作社、家庭农场、小农户和社会化服务组织联合，发展农业产业化龙头企业带动、农民合作社和家庭农场跟进、小农户参与的农业产业化联合体，整合农资、农机、农艺、技术、信息、人才等各类要素和服务，提供全程专业社会化服务，实现信息互通、优势互补。每个县（市、区）突出 2 个特色全产业链，牵头组建产业行业协会，发挥好行业协会自律、教育培训和品牌营销作用，倒逼主体经营优化，进一步在全球范围内寻找并匹配需求市场，并根据需求

---

① 《乡村产业融合发展的盐城加速度》。

反向优化农产品经营类型、内容、范围、规模和数量，做大做强主导产业。

五、坚持质量兴农，推动全产业链品牌化引领

　　质量品牌是农业全产业链生命力的重要依托，应当强化现有品牌资源统筹整合利用，走好质量兴链、品牌强链之路。一是夯实全产业链品牌质量基础。坚持质量兴农、品牌强农，将质量作为品牌发展的第一要义，不断夯实全产业链品牌基础。实施农产品"三品一标"优质农产品生产基地建设、农产品品质提升、优质农产品消费促进和达标合格农产品亮证"四大行动"，推进农业品种培优、品质提升、品牌打造和标准化生产，提升农产品质量效益和竞争力。二是构建"1+9+N"全产业链品牌体系。深入实施农产品品牌培优提升行动，整合市域品牌资源，推进"一品多牌"为"一品一牌"，推进"一县一品"为"一市一品"，在全市域范围加快构建"1+9+N"全产业链品牌体系，打造能够体现鲜明地方特色、覆盖全市农业各个优势产业的"盐"字号系列品牌，提升产业链素质和品牌溢价能力。突出加强"盐之有味"市级区域品牌打造，以背书区域公用品牌质量为定位，编制生产规范，实施行业监管，放大背书效应。引导龙头企业发挥组织化、产业化优势，与生产基地建设相结合，加强自主创新、质量管理、市场营销，打造具有较强竞争力的企业品牌。三是完善全产业链品牌发展机制。坚持市场化原则，从政府职能转变、行业协会赋权、市场主体培育和产权制度改革等多方面着手，开展自上而下的区域农业品牌建设顶层制度设计。分类组建品牌农产品产业促进会，授权使用统一标识，规范实施会员及产品统一管理。支持协会牵头主导，紧贴市场消费需求和趋势，提升品质、创新设计、改进服务，打造新产品、开发新卖点，激发消费意愿。坚持区域公用品牌与特色品牌建设相结合，建立市级农业品牌目录制度，加强品牌动态管理、运行维护、发展壮大。

六、立足联农带农，推动全产业链利益化联结

　　农业全产业链发展的最终落脚点是让农民更多分享产业增值收益，应当强化产业链主体间利益联结，增强小农户生产参与发展的能力，分享全

产业链建设成果。一是引导小农户融入产业链。实施小农户能力提升工程，创新推进新型职业农民培育盐城市模式，采取农民夜校、田间学校等适合小农户的培训形式，开展种养技术、经营管理、农业面源污染治理、乡风文明、法律法规等方面培训，增强小农户整体素质和信用意识，以更高的积极性和更强的能力参与全产业链发展。加快建设产业组织平台，引导龙头企业、合作社和村集体经济组织协同联合发展，鼓励小农户积极参与加工、仓储、运输、销售等产业链、供应链的各个环节，切实提高小农户的组织化程度。大力发展面向小农户的农业生产性服务、托管服务、产销服务，实施互联网＋小农户计划，健全传统经营小农户、传统技艺小农户、小规模纯农户和低收入农户"四小"农户支持保护机制，引导小农户与现代农业有机衔接。二是拓展农户产业链增收空间。坚持以增加农民收入为中心，把以农业农村资源为依托的第二、第三产业尽量留在农村，把农业全产业链的增值收益、就业岗位尽量留给农民。依托农业产业园区、农业科技园区、农产品加工集中区等农业产业载体，建立一批农村创业创新基地、新型农民创业园区，促进镇村联动发展，实现加工在乡镇、基地在村、增收在户。支持疏解产业向县域延伸，引导产业有序梯度转移，大力发展县域范围内比较优势明显、带动农业农村能力强、就业容量大的现代农业全产业链，促进农民就近就地就业增收。三是创新常态化利益联结机制。探索直接受益型、均衡受益型、综合收益型、风险补偿型等多种利益联结机制，支持引导企业采用"订单收购＋分红""土地流转＋优先雇用＋社会保障""农民入股＋保底收益＋按股分红"等利益联结方式，让广大农民分享农业加工、销售环节的增值收益。鼓励农业产业化龙头企业通过设立风险资金、为农户提供信贷担保、领办或参办农民合作组织等多种形式，与农民建立稳定的订单和契约关系，探索农业全产业链收益"一次分配为主、二三次分配为辅"再分配机制，促进全产业链良性发展。

第五节　推进盐城市农业全产业链建设的几点建议

一、加快推进预制菜等新型生产加工产业发展

预制菜产业是一个万亿元级的产业赛道，有望成为影响未来 30 年的

巨大风口。盐城市是长三角地区的"米袋子""菜篮子""肉盘子"，发展预制菜产业具有得天独厚的优势。建议尽快规划布局发展预制菜产业，将其纳入重点产业链培育行动计划中优先推进，全面竞逐新赛道、新风口。瞄准国际国内食品加工、餐饮龙头企业全国布局，大力招引一批预制菜开发龙头企业，培育一批预制菜行业的"瞪羚企业""单项冠军"，做大做强盐城市预制菜产业集群。依托大丰中农批冷链物流智慧城、东台市中农联云仓农商城等冷链物流优势，鼓励各县（市、区）建设功能完善、设施先进、服务配套的预制菜专业产业园。

二、强化政策要素以聚焦"链主"企业培大育强

实践证明，"链主"是产业链群核心节点，能够持续带动中小企业不断创新发展、驱动整个产业转型升级。建议分类开展"链主"遴选和招引工作，加大政策支持和要素保障"链主"企业力度，支持鼓励"链主"构建由企业主导、涵盖全产业链、直连用户、安全可控的产业生态，引导"链主"企业注重追求经济效益、社会效益、生态效益的有机统一，推动实现"一个链主企业引领带动一条产业链发展"的良好格局。加快产业扶持政策创设调整，注重由扶企业向扶链条转变，由普惠化向功能性转型，加强政策"激励相容"，提升产业政策和竞争政策的协同。推动财政金融"支农盐十条"落地落实，认真落实全市土地出让收入用于农业农村，按2022～2025年分别按5%、6%、8%、10%的比例逐步落实到位，支持"链主"企业向"链核"企业转变。

三、提升国有资本参与产业链建设投融资效能

学习产业投融资"合肥模式"，充分发挥国有资本引领作用，推动产业高质量发展。充分发挥好银宝集团、射阳大米集团等国有平台作用，立足6条主导产业链，围绕产业链上下游深挖"风口"产业及关键环节，加快形成产业链完整性和产业风口代表性。切实转变政府资金"撒胡椒面"式的资金投入方式，转为加大对重点产业领域和重点产业项目的投资。大幅压减事后奖补等无偿投入，新增基金投入、"借转补"投入、财政金融

产品投入三种市场化有偿投入扶持方式，用好江苏黄海金控集团乡村振兴基金子基金，支持与推动农业全产业链建设。

四、提高服务能级打造全产业链发展良好生态

进一步压实产业链"链长制"责任，开展好"企业大走访、项目大推进、产业大招商"活动，全方位服务各类经营主体，降低主体的税费、物流、用能、用工、制度性交易等方面成本。加强产业链建设专业人才培养、招引，做好人才服务保障，为全产业链发展提供专业化智力支持。探索打造产业创新服务综合体，建设"盐链通"等综合服务平台，实现六大主导产业链创新服务综合体"全覆盖"，促进农业全产业链高质量发展。

第六章　盐城市农业全产业链绿色发展研究

　　农业全产业链绿色发展是将绿色发展理念贯穿到农业产业的全过程，创新体制机制与业态模式，引导资源要素汇聚，挖掘农业多功能价值。探究农业全产业链的绿色发展创新模式，成为打通优质农产品供给的途径之一，助力乡村产业高质高效发展。近年来，盐城市坚持推动绿色低碳高质量发展，盐城市委、市政府出台了《关于大力推进生态循环农业发展的意见》。2022年，省委常委会审议通过《关于支持盐城建设绿色低碳发展示范区的意见》，把生态市建设作为转变农业发展方式的战略定位，构建了以绿色环境为前提、绿色生产为基础、绿色产品为标志、绿色生活为追求的"四位一体"绿色农业体系。本书立足盐城市农情，以"一控两减三基本"为抓手，从产业源头开始，将绿色发展理念应用到农业生产、加工、流通等各个环节，形成点上突破、以点带面的农业绿色发展格局；以技术创新为驱动，基于"建基地、转方式、重品质、拓流通、促融合"的思路，构建盐城农业全产业链可持续发展的新路径，提升农产品的安全性和流通效率，保障农产品的健康经营，为消费者提供绿色优质的农产品。

第一节　成效与短板：盐城市农业全产业链绿色发展的现状概述

一、发展成效

　　盐城市坚持生态优先、绿色发展，聚焦减污降碳，着力推进生态循环农业体系建设，在生态环境、生产模式、绿色品牌等方面的绿色发展已初见成效。

（一）生态环境持续改善

盐城市积极贯彻农业部提出的"一控两减三基本"的工作目标，重抓污染治理，生态环境不断优化。一是推广节水灌溉技术。盐城市高度重视水资源利用，推广高效节水灌溉，因地制宜推广渠道防渗、低压管道输水灌溉和喷微灌等节水措施，提高田间灌溉用水效率。2022 年，盐城市渠南灌区、五岸灌区、双南干渠灌区被评为国家级节水灌溉区。二是推广化肥农药减施增效技术。推广测土配方施肥、有机肥替代化肥、水肥一体化等技术，2022 年，化肥使用量较 2021 年削减 1% 左右。启动农作物病虫害绿色防控项目，2022 年全市共建成省级农作物病虫害绿色防控示范区 62 个，在示范区内全面推广"三生三诱"（生物农药、生物防治、生态防治和灯光诱杀、色板诱杀、性诱剂诱杀），农药使用量较 2021 年减少 1.73%。三是推进粪污处理技术集成。推广堆积沤肥还田、异位发酵床、发酵塔处理、有机肥生产利用、沼气能源利用等多种技术模式，实现资源循环利用。全市建成畜禽粪污处理中心 44 个、有机肥厂 36 个。6 个畜牧大县率先实施中央财政畜禽粪污资源化利用项目，3 个非畜牧大县同步开展整县推进。四是推进农作物秸秆综合利用技术集成，采取"先耕后补"方式，由政府补贴资金，推广农作物秸秆离田还田，推进农业增效，降低秸秆焚烧污染环境风险。2022 全年秸秆还田面积 41 153.89 亩，农作物秸秆综合利用率达到 98.36%。五是推进废旧农膜和农药包装物利用技术集成。以"统一回收、集中处置"为模式，创新和建立农资废弃物无害化处理长效机制，实施农资包装废弃物统一回收和集中无害化处置。2022 年全市回收农药包装废弃物 830.7 吨，废旧农膜回收率达 93%，废旧农膜回收处置工作在全省考核中连续获评 A 等次。①

（二）绿色生产模式扎实推进

盐城市立足"生态、绿色、循环"理念，推进生态循环农业的"四

---

① 盐城市统计局，https：//tjj.yancheng.gov.cn/.

大模式"，典型亮点不断涌现。（1）盐城市龙港镇兴福村探索发展"稻＋N"立体生态循环种养模式，实现水稻种植与蛙、鸭、虾养殖的生态立体种养良性循环，提高农田综合利用率和产出效益。（2）亭湖区泰来神奶业公司的农牧复合生态模式以沼气为纽带，形成"牛—沼—肥—饲"循环农业模式：利用饲料粮、牧草养牛，牛粪经发酵后一部分饲养蚯蚓，一部分作为沼气工程发酵原料，变污为肥，变废为宝。（3）东台市富安镇的农工复合生态模式。通过"龙头"带动，形成桑—蚕—茧—丝—绸生产过程中的物质交换、能量集成和信息传递，构建工农代谢和共生关系的循环经济链；整个生产流程的废弃物，几乎全部得到利用。（4）盐都区生态养殖的农旅结合生态观光模式：形成集行、游、住、食、购、娱于一体的生态农业旅游景区，实现农产品生态种植、沼肥养鱼、沼液喂猪等具有生态园特色的生态农业循环模式。2022年盐城市建成农牧循环基地37家，创建畜牧业绿色发展示范县2家，有效期内部、省级标准化生态健康养殖示范场达444个。同时省级绿色优质农产品基地159个，比上年130个增加29个，增长22.31%。[①]

（三）"盐"字绿色品牌影响力逐渐凸显

盐城市深入开展绿色食品品牌创建，"盐"字绿色农产品名声逐步响亮，"两品一标"（绿色食品、有机农产品和农产品地理标志）品牌效应逐步扩大。以地理标志恒北早酥梨为代表的绿色有机水果，以地理标志裕华大蒜、丰收大地和新团农业示范园的有机蔬菜，实现了农产品从种植到加工全过程的纯天然、高品质、无污染。2022年全市有效绿色食品总数达622个，比上年增加199个；有机农产品达67个，与上年持平。新增绿色农产品证书177个，比计划多97个；绿色优质农产品比重达73.18%。[②]拥有射阳大米、阜宁大糕、建湖草鸡等国家地理标志证明商标47个。为了能够进一步擦亮盐城农业"绿"的底色，盐城市加快绿色低碳发展示范区建设。将绿色农业生产与资源环境承载力相结合，推广应用农产品碳标签，打造低碳农业品牌，引导低碳生产和消费。如2023年获得碳标签证书的"响水西兰花"，该碳标签评价可摸清种植、运输、加工、包装等全

① 盐城市统计局，https：//tjj.yancheng.gov.cn/.
② 盐城市农业农村局，https：//snw.yancheng.gov.cn/.

流程的碳排放量的排放情况，减少西兰花的碳排放，助力其绿色低碳高质量发展。

二、发展短板

（一）绿色农业基础设施建设未健全，绿色流通体系仍需完善

要发展绿色农业，就需要相配套的基础设施做支撑，但是盐城市还有较多农田基础设施配套不够健全，综合生产能力亟待提升。国家统计局盐城调查队对盐城绿色种养循环农业的问卷调查显示，全市还有较多的农业基础较差或规模较小，不具备发展绿色种养循环农业的条件；种养业废弃物处理不足，衔接不够紧密，投入产出不平衡，投入多回报少，资金需求大；沼气工程生产的沼气发电并网难。

绿色流通的核心能力就是供应链能力，需要渗透到原产地，和合作社等生产主体合作，提升供给能力，从而带动供应链能力的提升。对照农业全产业链绿色发展理念，全市农产品流通体系还存在一些不足：在农业经营主体方面，农民合作社、家庭农场、种养大户、农村经纪人等流通主体，受自身经营规模和种类限制，组织化程度低，信息获取渠道少，无法优化整合农产品绿色供应上下游链条。在农产品市场功能方面，产后高损耗率是农产品流通过程中的一大痛点。大部分产地市场基础设施建设薄弱，缺乏必要的冷藏保鲜、分级分选、粮食产地烘干等设施，无法实现农产品错峰销售，市场运营能力不强。订单式农业、电商农业的比重不高，对农产品绿色流通效率的提升作用有待加强。在物流网络建设方面，由于农产品产地冷链物流网络不完善，产地规模化、专业化的第三方冷链物流企业数量少，在县、镇、村缺乏不同层级的冷链集散中心、分拨中心和冷链运力。造成冷链物流的部分流通过程存在过多环节，而过多的操作节点，在增加货品损耗风险的同时，还造成了成本的提升，影响相关农产品终端销售价格。在农产品包装方面，由于乡村农产品产业链的发展较为滞后，农产品深加工水平没有达到全面支持绿色包装水平，存在大量塑料包装生产的产能，同时成本价格也较为低廉，仍然有大量经营者选择污染材料作为包装材料，不少企业甚至为了降低包装成本、降低产品运输损耗率而添加塑料剂、防老剂、重油墨等，不符合可持续发展的理念。

（二）农产品精深加工能力尚待提高，绿色生产技术亟须提升

盐城市农产品加工产值之比仅为 2.44∶1，低于全国 2.48∶1、全省 2.78∶1 的平均水平。① 大多农产品加工都属于比较粗放的，稻麦加工还以大米、面粉为主，水产品加工以速冻为主，畜禽产品以初加工和活体经营为主。畜禽、水产、果蔬的加工比例在 50% 左右，难以实现提质增效，而且赢利空间比较小，存在资源浪费及环境污染等问题。加工企业科技创新能力不足，农产品精深加工程度不够，产业链条短、产品附加值不高，这也是盐城市农业生产规模全省前列，而农民收入却处于全省中下游的重要原因。

生产环节是农业全产业链的起点，是需要重点控制的环节。实现农业绿色发展，要推行绿色生产方式。然而，随着全球气候变化，种植业生产不确定性增加。小麦赤霉病等重大病虫害发生及危害程度加重，农业生产安全威胁增大。农业环境承载负荷仍然较重，化肥、农药等使用强度仍处于较高水平，田间废弃物回收处置体系尚不完善，农业面源污染问题仍然严峻。畜禽水产绿色养殖处于薄弱环节，特别是饲料需要不含转基因证明和绿色饲料价格高，企业养殖成本高，申报补贴低于申报成本。此外，据盐城市调查队对盐城地区绿色种养循环农业调研显示，本市宣传发动工作投入不够，种养户（企业）对发展绿色循环农业认识不深。同时技术推广不足，对绿色循环农业相关技术不够了解。缺少发展成熟的企业或组织带动。

（三）农产品绿色品牌建设有待强化，产品质量监管亟待加强

盐城市农产品绿色品牌建设取得了较快发展，但由于绿色品牌创建意识不强、品牌整合和品牌建设主体支撑不足等原因，致使农产品绿色品牌竞争力较弱，品牌附加值较低。从绿色品牌创建来看，虽然盐城市政府出台了农业品牌创建意见及一揽子政策，但还是存在一些基层部门和企业对绿色品牌建设的投入力度不够。农户及涉农企业品牌意识弱，导致绿色农产品的文化价值内涵未能充分挖掘出来，影响绿色农产品的品牌建设。从

---

① 江苏省农业农村厅，https://nynct.jiangsu.gov.cn/.

绿色品牌整合来看，农产品绿色品牌发展存在"重认证"现象，地域性基地的同质化农产品品牌数量繁多、单打独斗，优势抱团、特色化绿色品牌少。

农产品质量安全监管存在死角，在一些产品仍有禁限药物检出。此外，县级检测资源整合的后遗症仍然存在，只有东台市综合检验检测中心每年承担了本地农产品质量检测任务，其余各地都通过政府购买第三方服务来开展农产品质量监测。同时，溯源生成的食用农产品合格证缺少专业机构认证。

第二节　借鉴与启示：农业全产业链
绿色发展的经验梳理

一、经验借鉴

（一）"四化三循环"综合利用的"山东模式"

山东诸城是粮食生产大县和畜禽养殖大县，年产作物秸秆 115 万吨、畜禽粪便 200 万吨。[①] 近年来，诸城市按照"政府扶持、企业主导、市场运作"的思路，通过完善政府、企业、养殖户、种植户之间的利益联结机制，探索创新了以专业化服务企业为主体的畜禽粪污处理和资源化利用新模式，逐步实现了农业废弃物减量化、无害化、生态化、资源化。一是主体双向小循环模式。在大型规模养殖场建设秸秆粪肥混合发酵设备生产有机肥，发展种养循环。在养殖专业户建设小型沼气工程，安装厌氧发酵装置，生产沼肥用于周边农田，实现养殖主体和消纳地之间就近双向循环。二是区域多向中循环模式。依托专业化公司重点处理中小规模分散养殖户产生的畜禽粪污。在全市建设多个畜禽粪污集中处理中心，收集周边的畜禽粪便和农作物秸秆，覆盖全市所有行政区域。三是全域立体大循环模式。市政府通过搭建畜禽粪污收储运信息采集平台和耕地测土配方施肥平台，实时掌控各镇街畜禽粪污收储运信息及耕地土壤养分需求信息，及时

---

① 中华人民共和国农业农村部，https：//www. moa. gov. cn/.

调配资源，统筹种养业布局，形成了规模场与散养户全覆盖、粪肥处理与种植基地对接、农牧良性循环的"三大模式"，实现了畜禽粪污和秸秆资源化利用的全域统筹发展。

（二）生态农业产业化的"安徽模式"

安徽颍上县以"生态产业化、产业生态化"为引领，积极推进稻米产业全链条质量变革、效率变革、动力变革，实现稻米产业"绿色蝶变"。一是在生产环节，扎实推进稻米生产"三品一标"提升行动。全面提升稻米产业绿色发展创新能力，构建"增汇优先、降耗为主、减排为重、循环利用"低碳稻作技术体系。培育稻米区域公共品牌 1 个，认证"颍上大米"等"三品一标"农产品 12 个。① 二是在加工流通环节，积极构建稻米产品绿色供应链。全域推广联合收割机前置粉碎作业减损收获技术，推广糙米微缝灭酶增香、精准柔性分层碾磨技术，以及稻米"低温存储"等技术。在流通环节，推广"粮超""直供""网上粮仓"等营销新模式，完善县、乡、村电商物流网络。搭建颍上县农业生产经营主体及其产品追溯管理平台。三是在产业链布局上，全面推进稻米产业集聚循环发展。建设加工集群培育、物流商贸提升等 10 大工程，融合生产、加工等 6 大环节，创建了以稻米为主导产业的颍上国家现代农业产业园。以产业循环式生产发展为核心，建设"地下管道＋智能配肥＋精准灌溉"稻田水肥（沼液）一体化绿色生产基地、苔稻鸭萍鹅等"稻田＋N"新型农作模式；以企业循环式组合发展为核心，开发了米乳饮料、碎米高蛋白粉等高值新产品，提升了稻米加工增值能力。

（三）绿色生态品牌赋能的"江西模式"

江西泰和县地处赣中南吉泰盆地腹部，农业资源丰富，是产粮大县和生猪调出大县。近年来，泰和县以建设国家农业绿色发展先行区为契机，主动融入"生态鄱阳湖、绿色农产品"品牌发展战略，培育壮大特色富民产业，铸造农业绿色品牌，走出一条生态保护与产业发展相结合的现代农业新道路。一是依托资源立品牌。围绕农业绿色品牌建设，立足当地优势

---

① 中华人民共和国农业农村部，https：//www.moa.gov.cn/.

农业资源，引导农民发展泰兴大米、泰和乌鸡、泰和肉牛、泰和湖羊、井冈蜜柚等特色品牌。二是严把质量助品牌。推广应用节肥、节药、节能等绿色生产技术。依托江西省"1+2"智慧系统，搭建农产品质量安全溯源平台，将绿色食品、有机农产品、地理标志农产品生产主体100%纳入追溯管理。三是开拓市场推品牌。开展绿色品牌农产品展示展销，扩大农业绿色品牌的知名度和影响力。利用大数据、云计算、移动互联网、设立品牌专柜和专店等，开辟绿色品牌农产品市场直营通道。

二、发展启示

各地成功实践经验给推进盐城市农业全产业链绿色建设带来四方面的启示。

（一）生态循环推进是农业全产业链绿色发展的根本

生态保护与农业全产业链绿色发展的关系密不可分，在产业发展中，需要将生态保护放在重要位置，实现二者的有机融合。在实际融合发展中，应遵循"生态循环"发展理念，通过种养一体、农牧结合、产加一体等方法，做到农业全产业链绿色发展，实现资源的循环利用。这一方面能够降低产业发展的成本，另一方面可以更好地做到生态保护。形成与资源环境承载容量相匹配、与生产生活生态相协调的农业发展格局。在上述典型案例中，山东诸城推行"主体双向小循环、区域多向中循环、全域立体大循环"的三大模式，将农业生产中的上游废弃物作为原料投入下游环节生产，实现农业废弃物在生产系统内部的层级消化，从而提高了资源有效利用率，减少了农业废弃物的产生。

（二）全产业链融合是农业全产业链绿色发展的基础

农业全产业链联系着农田与餐桌，是生产者与消费者的中间体，也是生产、加工、流通、消费等多环节的综合载体。全产业链融合成为农业全产业链绿色发展的基础。如果农业全产业链融合的程度较低，产业链各环节在运行的过程中会出现大量的资源损耗，导致资源利用效率低并且废弃物对生态环境的污染突出，不利于绿色农业全产业链建设。因此，安徽颍上县建设了加工集群培育、物流商贸提升等工程，融合生产、加工等 6 大环节，创建了以稻米为主导产业的颍上国家现代农业产业园。为了引导绿色优质农产品消费，提升农产品溢价，在营销环节，江西泰和县开展品牌认证与培育工作，实现生产与消费端的有机融合，带动农业全产业链融合绿色发展。

（三）研发技术创新是农业全产业链绿色发展的动力

农业全产业链绿色化转型需要绿色良种培育技术、绿色农业生产技术、关键施肥技术、农产品精深加工技术、农业废弃物资源化技术、农业信息技术等的支持。上述典型案例中，在产前领域，安徽颍上县从源头入手，选育优良食味水稻绿色品种、使用沼气绿色能源等方式，确保进入农业全产业链的生产资料品质高优、绿色。在产中领域，综合利用多种绿色技术以提高资源利用率、降低环境污染，例如安徽颍上县使用稻田水肥（沼液）一体化进行精准灌溉和施肥、"增汇优先、降耗为主、减排为重、循环利用"低碳稻作技术、江西泰和县推广应用节肥、节药、节能等绿色生产技术。在产后领域，安徽颍上县通过精深加工技术，减少农副产品资源浪费，实现农产品转化增值。山东诸城利用废弃物资源化技术提高对农业秸秆、畜禽粪便等废弃物的综合利用。江西泰和县和安徽颍上县借助互联网和大数据等信息技术手段，对农业生产全过程实时监控与管理，为绿色农业全产业链协同和生态环境保护提供依据。因此，农业技术创新是农业全产业链绿色发展的动力。

（四）多元主体协同是农业全产业链绿色发展的关键

多元主体协同是农业全产业链绿色发展的关键。农业全产业链绿色发展需要产业内部的农户、农民合作组织、农业企业、家庭农场、专业合作社、销售企业、政府等多元主体协同，打破农业全产业链中生产、流通、交易之间的信息壁垒。如山东诸城通过"政府 + 企业 + 养殖户 + 种植户"的形式，实现以专业化服务企业为主体的畜禽粪污处理和资源化利用新模式；安徽颍上县则通过"政府 + 合作社（农户）+ 企业 + 服务机构（科研院）"的形式，实现稻米产业"绿色蝶变"。

第三节　思路与目标：盐城市农业全产业链绿色发展路径的谋划

一、总体思路与目标

（一）总体思路

结合盐城市农情，坚持生态优先、绿色发展理念，以"一控两减三基本"为抓手，从产业源头开始，将绿色发展理念应用到农业全产业链生产、加工、流通等各个环节，形成点上突破、以点带面的农业绿色发展格局。以技术创新为驱动，基于"建基地、转方式、重品质、拓流通、促融合"的思路，即从建立农业绿色生产基地，转变农业生产方式、提升农产品质量及其附加价值，开拓农产品流通渠道，促进农业产业绿色化融合五个方面，构建盐城农业全产业链可持续发展的新路径。

（二）规划目标

深入实施"四位一体"农业发展模式，全面形成资源利用高效、产品安全优质、农业废弃物充分利用、农业综合效益明显提高的生态循环农业。《盐城市高标准农田建设规划（2021－2030年)》提出到2030年，全市新建、改造提升高标准农田480万亩，建设150万亩高标准农田示范区；全市绿色优质农产品比重达到75%以上；全市废旧农膜回收率、农药包装废弃物回收覆盖率、无害化处理率提高到90%以上，秸秆综合利用率稳定在95%以上；全市创建省级生态循环农业试点村5个，建成省级现代生态循环农业试点县6个。

二、发展路径

以农业全产业链绿色化转型为视角，由"点"及"面"推动农业全方位绿色化转型。一方面，从农业全产业链各个环节入手，逐个环节推动绿色化转型，包括农业产前基地建设绿色化、产中生产方式绿色化、产后农产品深加工绿色化，以及农产品消费流通绿色化等；另一方面，从农业全产业链整体入手，通过推动产业链与其他产业融合，拓展农业全产业链功能，实现产业链价值增值（见图6-1）。

（一）以循环经济为手段，打造绿色生产基地

盐城市地域较大，地形地貌复杂，农业耕地资源呈现分布散、数量多的特点，农业基地以散户为主，农户组织化程度较低，基础设施建设不完善，导致农业生产管理水平落后、农产品质量难以保证等问题。通过推行"公司+基地+农户"或"公司+农业合作社+基地+农户"等农业生产模式来提高农户组织化程度，从而提高农业生产基地建设标准化、绿色化水平。因此，在推动农业龙头企业、农业合作社及农户等多元主体形成利益联结机制的基础上，以循环经济为手段，利用物质循环再生与能量多层次利用原理，推动农业产地环境标准化、基础设施现代化以及基地内部资源循环化建设，建成绿色高标准生产基地。如山东诸城通过完善政府、企业、养殖户、种植户之间的利益联结机制，探索畜禽粪污处理和资源化利用新模式。

（二）以产学研协同为动力，构筑农业绿色生产体系

实现农业绿色生产，不仅需要绿色发展理念和发展模式的转型，更有赖于技术水平的支持。由于承担农业技术研发、技术推广与技术应用职责分别属于不同主体，因此，要通过整合政府、产业、学校和科研机构的力量，形成"以政府为主导，以农业企业为主体，以高校和科研机构为支撑"的农业科技创新体系，共同构筑农业绿色生产体系。上述典型案例中，安徽颍上县与科研院所建立产学研合作关系，建立了院士工作站、省级产业创新团队、产学研合作基地、市级以上企业工程技术中心等，为其稻米产业的发展提供了稳固的科技支撑。

（三）以精深加工为支撑，提升农产品附加值

农产品本身具有鲜活鲜销、不易贮藏等特点，发展农产品加工能够减少农产品损失、增加农民收入。然而，当前盐城市农产品加工业发展水平不高，对原始农产品的综合利用度较低，存在资源浪费及环境污染

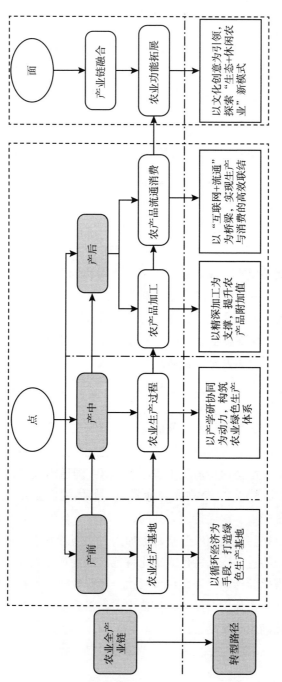

图6-1 农业全产业链绿色发展路径

等问题。因此，需要利用先进的农产品精深加工技术，将农产品转化为可以贮藏、方便流通的产品，把农副产品转化为饲料或具有高附加值的产品，从而推进农产品多层次利用和多环节增值。上述典型案例中，安徽颍上县通过精深加工技术，将稻米，以及加工副产品、碎米等转化成米乳饮料、碎米高蛋白粉等高值新产品，达到粮食资源增值、生产企业增效的目的。

（四）以"互联网＋流通"为桥梁，实现生产与消费的高效联结

农产品流通是对接农业生产端与市场消费端的重要环节。盐城市农产品的现代化流通业态已经起步，但农产品市场信息技术应用不多，信息服务的针对性、及时性不强，难以满足生产者、经营者和消费者的信息需求。"互联网＋农产品流通"可以压缩中间环节，直连"生产—消费"两端，有效降低交易成本，改善信息不畅、不对称问题。通过"互联网＋"技术应用，还可以建立农产品质量追溯体系，反向监督农业生产端。上述典型案例中，安徽颍上完善县、乡、村电商物流网络，发展"粮超""直供""网上粮仓"等流通业态，打通农村与城市、农户与消费者之间的信息通道，降低流通成本及资源损耗。

（五）以文化创意为引领，探索"生态＋休闲农业"新模式

挖掘和拓展农业多功能不仅能促使农业与第二、第三产业融合，更有利于实现农民增收、农村增绿，推动农业绿色化转型。盐城市休闲农业处于快速发展时期，已经初步形成了里下河、204 国道沿线和沿海滩涂三大观光休闲农业带，建设 27 个观光农业景点。但休闲农业存在经营模式单一、同质化竞争严重、缺乏持续力的问题，也存在环境破坏和污染等制约因素。因此，要在传统休闲农业基础上加入文化创意元素，依托盐城区位优势、当地资源特色、产品特色或文化特色，开发观光农业、农业种植和亲子采摘等农事体验活动，开发特色餐饮、科普教育、乡村民俗、素质拓展、创意文化和生态休闲食品等，打造生态创新农业示范园，形成以文化创新为途径的休闲农业发展集群。

第四节　对策与建议：盐城市农业全产业链绿色发展的体制机制

一、拓展产业体系，高效转化绿色产品价值

健全的产业体系是推动生态循环农业可持续发展的重要保障，构建农业绿色产业体系，需要完善农产品的产地市场体系，健全"最先一公里"保鲜冷链和粮食产地烘干等基础设施，减少农产品采后损失。同时，在产业链布局上加快推进要素集聚，拓展生态工业链条，实现绿色产品消费增值，满足多样化、便捷化需求。

（一）减少产后损失

以鲜活农产品生产大县为重点，分区分片、合理集中建设产地田头预冷、冷藏保鲜等产地仓储保鲜冷链物流设施。同时，支持当地新型农业经营主体或农民合作社和家庭农场建设一批粮食产地烘干设施。解决瓜果蔬菜和鲜活农产品等优质农产品应季集中上市而供大于求、价格下跌以及粮食霉变损耗等问题。可以借鉴广东遂溪县建立的具备田头预冷、保鲜储藏、支持田头分拣包装、田头直播营销、田头供需对接、支持田头检测与信息采集等功能的田头智慧小站。

（二）推动产业聚集

引导龙头企业、家庭农场、农业合作社等农业产业经营主体，围绕优质稻麦、绿色蔬菜、优质瓜果、规模畜禽、特色水产等重点行业领域，建设一批具有盐城特色的绿色农业产业园区、产业强镇、产业集群，带动一二三产业绿色升级。比如，建设面向沿海、里下河、渠北地区的绿色农副产品集散基地，织好盐城市的"菜篮子""果篮子""肉篮子"，为实现农业转型升级提供"绿色引擎"。

（三）做优融合体验

立足沿海森林滩涂、里下河湿地风光、都市城郊休闲等三大自然资

源，加快延伸产业链条，实现一二三产业融合发展。通过开发生态农业多种功能、挖掘乡村多元价值，促进生态农业与旅游、文化、教育、康养等行业的跨界融合等方式推动形成新产业新业态。

二、聚焦绿色生产，协调生态体系发展

构建农业绿色生产体系，就要用基础设施设备武装农业，用现代科技服务农业，现代生产方式改造农业。

（一）以基础设施设备为支撑，提高种养基地绿色化

农业基础设施是盐城市绿色化转型的关键影响因素。可以从两个方面提高基地建设绿色化水平。一方面，统筹规划与安排农业中低产田改造和高标准农田建设，完善农业产前、产中与产后等基础配套设施，包括建设能够保障沼气、燃料、化肥、农药、薄膜和良种等绿色生产资料供给的基础设施，完善基地内部水利、配电、供能等基础设施建设。另一方面，采用新型、节能的农业机械设备进行生产，如节能耕地机、节水灌溉机、播种机等，从而提高农业生产效率和生产绿色化水平。

（二）运用绿色技术和方式，提高农业生产过程绿色发展水平

以绿色技术为驱动，在农业生产过程中，综合运用多种绿色技术，如农业循环技术、废弃物资源化利用技术以及农业信息技术等，转变农业生产方式，实现农业生产过程的节水、节地、节能和废弃物资源综合利用。在以产学研合作的基础上，推广及应用绿色技术，能够从农业产前生产资料投入、产中农业种植过程及产后废弃物资源综合利用等环节推动农业绿色化转型。一是在生产前领域，通过选育高优种子、研发高效低毒低残留的生物农药、增加有机肥投入、推广可降解的地膜、使用沼气等生物质绿色能源等方式，确保进入农业全产业链的生产资料品质高优、绿色。二是在生产中领域，综合运用多种绿色技术以提高资源利用率、降低环境污染，例如采用适合的灌溉手段提高水资源利用率，利用科学的方式合理密植、精量播种以节约土地资源，采用测土配方施肥及增施有机肥以保护耕地，利用轮作、间混作、调整收获和播种时间等物理防治技术，以及利用

生物试剂和生物农药等生物防治技术防止病虫灾害等。三是在生产后领域，利用废弃物资源化技术提高对废弃农膜、农业秸秆、畜禽粪便等废弃物的综合利用水平。四是借助互联网和大数据等信息技术手段，加强对农业生产全过程的实时监控与有效管理，提高农业生产过程的精准性。

三、整合加工流通环节，构建农产品绿色供应链

农产品加工业是实现"粮头食尾""农头工尾"的关键环节，精深加工能力直接决定农业的竞争力和附加值。基于盐城资源优势，依托盐城农副产品加工交易园区、盐都区农产品加工集中区、大丰区农产品加工集中区、阜宁县农产品加工园、东台农产品加工集中区等省级农产品加工集中区，围绕粮食作物、畜禽产品、水产品及果蔬产品，进行精深加工和副产物加工利用。例如，通过对响水西兰花深加工，研发出了西兰花脆片、西兰花腌制品等延伸产品。流通作为链接生产和消费的中间环节，通过流通环节的资源整合、流通业态的创新、绿色流通体系的健全，能够实现农产品的减损增效。

（一）整合农资生产企业、农家店等资源

加强产地与上游供应商的直接合作，通过产地直采，缩短供应链，减少生鲜农产品的流通环节，形成"从田头到餐桌"的全程绿色生产链。

（二）创新农产品流通业态

利用信息化和移动互联网技术，创新农产品流通业态。基于农产品电商、宅配、产地仓等新兴流通业态，构建"冷链仓储服务＋快递配送＋同城配送"一体化供应链物流干网，搭建农产品"线下＋线上"销售平台，探索"批发市场＋种养""批发市场＋直销配送""批发市场＋新零售"等新产业。推广"生产基地＋中央厨房＋餐饮门店""生产基地＋加工企业＋商超销售"等产销新模式，提高鲜活农产品流通效率。

（三）健全物流配送体系

充分考虑盐城市的交通、区位情况，依托龙头企业、物流公司等主体

和现代农业产业园、加工物流园等园区，分类分级建设具有仓储保鲜、初加工、冷链配送能力的产地冷链集配中心、园区冷链物流中心，融合供销合作社、邮政快递、生鲜电商等渠道网络，打造产品冷链物流体系的重要节点。同时，推进自助提货柜、智能生鲜柜、智能快件箱等配送设施进社区，提高末端配送精准服务能力，解决好"最后一公里"难题。使"小生产、贵流通、大市场"最终走向"大生产、畅流通、大市场"，逐步建立大规模、集中化、标准化的农产品绿色物流体系。

（四）改善农产品包装

使用可循环利用的环保材质或者低污染材料，避免包装材料成为白色污染的源头；选用生物制包装材料，如来自大自然的秸秆、竹、柳条、瓦楞纸等包装材料，既满足了无毒、无污染、无公害的要求，又达到"取之自然，用之自然"的效果。同时，提倡使用简约包装，即农产品包装容易打开（包装上没有铁丝，不是泡壳、吸塑包装），且包装尺寸适宜（外包装尺寸与农产品大小合适）。可以在分析包装保护、保鲜、方便贮运、品牌承载等功能的基础上，对蔬菜、西瓜、食用菌、甜玉米等不同农产品，商超、电商等不同销售渠道，采取不同的绿色包装策略。此外，企业需要向消费者宣传减量化包装和可持续的包装理念，让消费者认同绿色包装的积极价值，愿意为绿色包装买单。

四、做优特色产业，聚力绿色品牌营销

以市场需求牵引绿色生产，培育一流品牌，提升农产品溢价，打造优质优价营销体系，实现生产与消费端的有机融合。

（一）实施绿色品牌行动

打造"绿水良田、生态盐城"的区域农业发展形象。扩大绿色食品发展规模，发展有机农业和有机农产品，积极推行绿色生产方式，强化品牌农业"绿色印象"，培育一批知名度、美誉度和市场竞争力强的农产品知名品牌。比如，响水西兰花实行标准化、规模化、节约化生产，推广绿色轻简生产技术，减少化肥等农业投入品使用量，提高了西兰花的产量和品

质。此外，还应通过"双碳"目标政策解读、绿色农产品营销推介以及生态文化建设等多元化方式，提升城乡居民的低碳素养和绿色消费意识，促进居民形成绿色低碳消费的行为黏性。

（二）讲好绿色品牌故事

要挖掘产地特色，包括历史故事、水土特点、人文景观等，为农产品赋予丰富的人文内涵，并且从文化、健康等方面突出产品特色，包括营养、绿色、口感、外观等，提升绿色农产品品牌价值，如江西泰和县基于大数据平台和追溯系统，向消费者展示绿色农产品有机种植全过程。

（三）引导企业申报绿色品牌认证

将产品认证与产地认定合二为一，统一下放地方农业部门实施，发挥无公害农产品标志在产地准出和市场准入过程中的合格评定功能。强化证后监管，提升认证权威性和公信力。加强农产品双边和多边互认，提高国际竞争力和品牌认知度。同时，引导新型农业经营主体申报绿色食品、有机农产品，加强商标注册，积极参加绿色品牌认证。如 2023 年 5 月响水西兰花获得全国西兰花产业、江苏省农产品行业第一张碳标签评价证书，带来了较强的品牌效应。此外，对农产品生产经营主体中的先进个人进行表彰，以营造推进"有机农产品"品牌认证的良好氛围，从而激发有资质的农产品标准化生产经营主体积极开展"有机农产品"品牌认证。

五、完善监管体系，确保农产品质量安全

由于农产品生产的全过程中涉及多个环节，提高农产品质量安全水平，必须加强农业全产业链全程质量监管。

（一）深入推进"网格化 + 精准监管"模式

将全市绿色种植养殖主体纳入管理，指导主体完善生产信息档案、开具承诺达标合格证。推广运用农产品质量安全追溯管理平台的，完善区、镇、村三级监管网络，实现农产品质量安全监管网络体系全覆盖，推进"网格化 + 精准监管"。强化产地准出和市场准入机制衔接，实现食用农产

品全过程、全链条质量安全可追溯，实现"从田头到餐桌"全程可视化。

（二）开展绿色有机食品动态监管

全年结合企业年检制度、绿色有机产品质量抽检制度、公报通报制度、质量安全预警制度以及企业内部检查员制度等办法，压实责任监管，对绿色有机产品企业实施动态管理，对不合格的产品及时淘汰出局。需要当地的农业技术部门以及农业资源技术的管理部门对应用效果进行跟踪，在有关部门监督下，打破作物绿色生产科技创新项目设计的短期行为。

（三）实现物联网全程控制与监管

采用互联网技术、信息化技术以及区块链技术，建立生产基础。通过科学技术的赋能，让农业产业发展更加科学，让农产品真正实现绿色健康与安全营养。如响水县西兰花种植基地安装温湿度、光照度等数据传感器50 余个，追溯管理应用子系统采用"物联网 + 可视化 + 二维码"的全新追溯方案，生产环节全面实现智能化。

第七章 盐城市农业全产业链数字化改造提升的路径研究

党的二十大报告提出，加快发展数字经济，促进数字经济和实体经济深度融合。中国是农业大国，农业全产业链数字化改造提升，是加快推进农业现代化，实现农业强国建设和乡村全面振兴的重要路径。为贯彻落实国家《数字乡村发展战略纲要》《数字农业农村发展规划（2019—2025）》《数字乡村发展行动计划（2022—2025）》《江苏省"十四五"数字农业农村发展规划》等文件精神，盐城市委、市政府坚持以数字产业提升农业、用数字平台服务农民，组织实施"互联网＋"农产品出村进城工程、农业农村大数据建设应用百日行动等计划。数字农业农村工作取得显著成效，全市数字农业农村发展水平达到75.3％。本书聚焦如何进一步推进全产业链数字化改造提升开展重点研究。农业全产业链数字化建设应当立足各区县农业资源优势，以单品种全产业链大数据系统建设为抓手，以"能用""管用""好用"为原则，根据产业特征选择合适的数字化模式，发挥链主企业优势，协同多方主体参与，遵循"基础先行，夯实底座→因地制宜，聚焦发展→因类施策，选择模式→针对痛点，补齐短板→由点及链，链通数融"的路径进行改造提升，更好地发挥"数字技术""数据要素"的放大、叠加、倍增作用，走出一条"数字赋能、创新驱动"的现代农业发展新路径。

第一节　盐城市农业全产业链数字化发展的现状

一、发展成效

盐城市坚持以数字化技术、装备和平台改造提升农业全产业链，如今生产、营销、管理等环节的数字化和智能化已初见成效。盐城市获评省农业数字化建设整市推进试点市（全省仅 4 家），东台市、建湖县、盐都区、阜宁县、亭湖区获评全国县域数字农业农村发展先进县，东台市被列为全国"互联网＋"农产品出村进城工程试点县。

（一）农业生产智能化稳步提升

围绕果蔬种植、畜禽养殖、水产养殖和大田种植等农业主导产业，对农业生产与数字化融合模式进行了探索。坚持因类施策、一业一策，示范应用物联网技术与装备，提升农业生产智能化、数字化水平。培育了阜宁县七彩玫瑰园、响水县千禾蔬菜工厂、江苏省大鹤现代农业、射阳县凤谷设施果蔬科研示范基地、滨海县朗坤农旅园、亭湖区盐东智慧农场、建湖县九龙口大闸蟹等应用规模大、技术水平高、带动能力强的应用典型，2021 年，建成了 102 家市级以上智能农业示范基地。盐都区现代农业产业园获评全国农业农村信息化示范基地，截至 2022 年底，亭湖区现代农业产业示范园等 15 个单位被评为省数字农业农村基地。2022 年，盐南高新区黄巷数字农场等 6 家单位入选省农业数字化优秀案例。2021 年，江苏川鹿农业开发有限公司等 5 家单位获评省智能农业百佳案例。

（二）农产品营销网络化水平迅猛提升

积极推进"互联网＋"农产品出村进城工程，对农产品生产、销售、服务、管理等环节进行数字化改造，形成适应农产品网络销售的供应链体系、运营服务体系和支撑保障体系。东台市、盐都区、建湖县、射阳县入选省级试点县，数量全省第一。其中，东台市获评全国"互联网＋"农产品出村进城工程试点县。创新发展直播带货、短视频、社区电商等电商营销新模式。打造盐之有物、七彩阜宁、滨海滨鲜四海、射阳黄沙港创客中心等网红直播基地，为电商发展提供基础设施和平台载体支撑。举办"盐之有物·播响盐城市"直播大赛、射阳县助农赶大集、建湖县农民丰收节等助农直播活动。建湖军曼公司"购森活优选"平台获评省首批"产销对接公益助农"十佳平台，盐城优美家现代农业发展有限公司等 10 家单位获评江苏省农业电子商务百佳案例，盐都区新民村益农信息社等 4 家单位入选省"互联网+"帮促助农活动典型案例。全市农产品电商销售额突破 250 亿元。[1]

（三）农业管理数字化水平加快提升

打造"1+9+N"农业农村大数据平台矩阵，市级"盐农云"大数据平台依托盐城市"城市驾驶舱"数字底座，开发建成数据资源池、业务直通车、"三农"决策舱、信息服务窗等功能模块，初步实现了全市农业农村工作的"一云统揽、一网通管"。9 个县（市、区）均建设了综合性的大数据平台，实现全覆盖。同时，依托各区县农业产业特色，开发建设了射阳菊花、盐都草莓、东台西瓜等单品种全产业链大数据系统。阜宁县农业大数据平台入选数字江苏建设优秀实践成果。建成大丰种业大数据、滨海县农业社会化服务、亭湖区农村人居环境"五位一体"管护、盐都区"数字佳富"等 20 多个特色化应用场景。滨海县社会化服务云平台入选全国供销合作社农业社会化服务创新案例，建湖县蜻蜓农服平台获评全国农业社会化服务典型案例。

二、目前短板

（一）农业数字化基础设施尚待完善，农村物流网仍需构建与优化

农村地区通信基础设施覆盖率不高，农产品物流等配套设施不够完善。国家统计局盐城市调查队对盐都区、响水县、滨海县和阜宁县 4 个县区的 20 个行政村的问卷调研显示，本市农村 5G 网络信号覆盖率为 45%，

---

[1]　盐城市统计局，http://tjj.yancheng.gov.cn/col/col1779/index.html.

快递物流到村比率为 65%。[1] 自江苏省农村物流达标县建设全面启动以来，已有 18 个县（市、区）建成农村物流达标县，具体包括南京市（溧水区）、无锡市（江阴市）、苏州市（吴江区、太仓市）、连云港市（东海县）、镇江市（丹阳市、扬中市）、宿迁市（泗阳县、泗洪县）、南通市（海安市）、扬州市（高邮市、仪征市）、泰州市（姜堰区、泰兴市）、淮安市（淮安区、金湖县）、常州市（溧阳市）、盐城市（东台市），其中盐城市只有 1 个县市完成了农村物流达标县。

（二）农业产业数字化仍需均衡发展，数字化产业尚需培育和规范

果蔬种植、畜禽养殖、水产养殖和大田种植的生产数字化建设并不均衡。其中，畜禽养殖行业数字化建设程度最高，果蔬种植和水产养殖行业其次，大田种植数字化建设程度较低，截止到 2023 年，还是以示范基地为主，一般农户参与较少。主要原因在于规模化畜禽养殖、果蔬种植和水产养殖多在封闭或半封闭环境，易于实行标准化的智能控制与决策，而大田种植则在开放环境，土壤类型及平整程度、灌溉条件、气候影响等对种植都有显著影响，标准化的智能控制与决策系统难以满足需求。

"数字化产业"和"产业数字化"两者相辅相成，前者为后者提供支撑和助力，后者为前者提供应用市场。农业数字化产业主体多为高校、科研院所以及各类企业。农业数字化转型处在起步阶段，各类供应商数量众多、服务质量与技术水平参差不齐。在调研中发现，多数数字化服务供应商难以独自完成整个项目的数字化改造，故多采用系统分包采购、产品技术引进等方式提供服务，结果因其系统集成成熟度不够、技术服务水平不高，提供数字化服务的实际效能一般，导致许多农户认为数字化能产生的收益低于成本，参与数字化转型积极性不高。

（三）农业链通数融仍有待持续加强，全链数字化仍需提升和深化

当前，农业全产业链中各主体的数字化改造提升多围绕自身而展开，主要聚焦在生产、加工、销售、服务等单个环节。产业链各主体的连接尚不畅通，仍存在堵点，农业全产业链的链通数融尚未实现。链通数融的关

---

[1] 盐城市统计局，http://tjj.yancheng.gov.cn/col/col1779/index.html.

键在于"链主"企业以及政府主导的全产业链大数据系统，而目前盐城市大型"链主"企业不多不强。全市还没有一家开票销售超百亿元的农业"链主"企业，群链牵引力强、产出规模大、创新水平高、核心竞争力突出的链主型企业还不多。同时，虽然依托各区县农业产业特色，建设了一些单品种全产业链大数据系统，但在数据应用方面尚有待加强。

从生产环节来看，农业生产数字化全流程包括"数字化采集—数字化监控—数字化分析—数字化管理"四个环节。当前，多数建设项目仍然处在"数字化采集—数字化监控—人工分析—人工管理"阶段，"重形象展示，轻数据应用"的现象仍普遍存在。从加工环节来看，盐城市建成9个省级农产品加工集中区，农产品加工产值突破3 200亿元，① 但农产品加工行业仍以中小企业为主，龙头企业数量少、体量小、带动弱，整个行业的数字化建设水平并不高。数字化的标准和质量控制体系不完善导致特色优质农产品的高附加值没有很好体现。多数企业的数字化建设投入与装备水平也与标杆企业存在不小差距。从销售环节来看，目前农产品数字化销售模式主要采用的是"农产品＋电商""农产品＋直播"，其他数字化销售模式涉及较少。在2022年与2023年江苏省商务厅公布的首批与第二批江苏省县域电商产业集聚区中，与农业相关的电商产业集聚区盐城市无一上榜（见表7-1）。从服务环节来看，江苏统计年鉴2022数据显示，盐城市农林牧渔服务业与农林牧渔业总产值比值为7.11%，在全省位列第8名，落后于苏州市（14.89%）、无锡市（14.05%）、南通市（11.61%）、镇江市（11.56%）、常州市（9.20%）、连云港市（7.99%）、南京市（7.71%）。②

表7-1　　首批与第二批江苏省县域农业相关电商产业集聚区名单

序号	地区	单位	特色产业
1	南京	高淳固城湖螃蟹产业集聚区	螃蟹
2	南京	溧水幸庄县域电商产业集聚区	农副产品
3	无锡	惠山区阳山镇电商产业集聚区	水蜜桃

① 盐城市统计局，http://tjj. yancheng. gov. cn/col/col1779/index. html.

② 江苏省统计年鉴，https://tj. jiangsu. gov. cn/col/col89815/index. html.

续表

序号	地区	单位	特色产业
4	徐州	大沙河电商产业集聚区	水果
5	常州	溧阳市社渚镇青虾产业集聚区	青虾
6	淮安	盱眙全球龙虾交易中心电商产业集聚区	龙虾
7	泰州	兴化绿色健康食品电商产业集聚区	食品
8	连云港	赣榆海产品电商产业集聚区	海产品
9	宿迁	泗洪县特色水产电商集聚区	水产
10	宿迁	沭阳新河电商产业集聚区	苗木

资料来源：根据《首批江苏省县域电商产业集聚区名单》和《第二批江苏省县域电商产业集聚区名单公示》整理。

第二节 农业全产业链数字化发展典型的经验启示

国内不少地区在探索农业全产业链数字化建设方面取得了积极成效，为盐城市农业全产业链的深入发展、提升能级提供了宝贵经验和借鉴思路。

一、典型模式

（一）"县域数字平台＋全产业链"的仙居杨梅模式

仙居县地处浙江东南丘陵山区，素有"八山一水一分田"之称，杨梅产业是其主导产业之一，全县杨梅种植面积 14 万亩，有梅农 3.15 万户，约 10 万人。早在 2015 年，仙居杨梅栽培系统就被评为中国重要农业文化遗产，但仙居杨梅产业发展仍存在痛点堵点。为破解难题，仙居县打造了杨梅产业"大脑"——"亲农在线"，该平台创新了"小农户融入现代农业"的有效衔接机制、"小农户融入大市场"的产销互动对接机制和"小农码嫁接大功能"的融资促销机制，取得了显著成效。2022 年，"亲农在线"促进梅农户均增收 3.32 万元，杨梅全产业链产值增长 32.58%，有力赋能区域公用品牌"神仙大农"建设运营，品牌价值达 24.98 亿元。"亲农在线"平台为地方产业数字化发展带来有效参考。①

重塑生产方式，小农生产从"粗放型"转变为"精准型"。为推进杨梅产业链数字化工作，仙居县先后出台了《构建数字化引领小农户衔接现代农业机制》《杨梅全产业链数字化标准》等 10 多项政策文件，绘制了杨梅产业地图，归集了梅农经验、产业数据、环境数据及相关研究成果，构建了科学管理模型指导梅农生产，推进了农产品标准化和商品化。"亲农在线"改变了传统农业"靠天吃饭"的粗放型生产方式，农户在生产端就可以及时感知市场信息，从而进行精准高效生产。

重塑供销方式，农户角色从"生产者"转变为"产销者"。长期以来，小农户难以融入大市场。"亲农在线"构建了线上产供销一体化模式，通过实时掌控交易数据、建立杨梅价格指数、共享冷库等方式，解决了对接市场"最先一公里"问题，农户可即时掌握市场最新价格走势，提高了议价权。"亲农在线"还构建了小农户衔接大市场的产销互动机制，通过全面对接电商平台和全国农业大市场，开展村播达人培育行动，以快递直达、直采直享等方式，解决了对接市场"最后一公里"问题，真正解决了损耗浪费大、流通环节多、供需匹配不精准等难题。

重塑经营方式，共富手段从"政府包办"转变为"共建共享"。"亲农在线"通过创新"政府＋企业＋村集体＋农民"利益共同体机制，形成了以家庭经营、合作经营、企业经营、集体经营共同发展的新型现代农业经营体系，推动了农业经营模式由单一主体经营向多元主体共建转变。"亲农在线"将"政银企商专农"六个方面的资源平台连接起来，多方合力以数字农业撬动共富变革，改变了以往助农共富中政府"唱主角"，企业、金融、社会"靠边站"局面。"亲农在线"创新了"产共体"共富模式，探索形成了"村集体＋农户＋股权"的"1＋1＋X"新型杨梅产共体，按一定比例分成分红，共建共治共享推动梅农和村集体共富。

重塑治理方式，产业治理从"经验为主"转变为"科学精准"。在产业监管方面，"亲农在线"通过采集农产品产地、土壤、农资、农药残留等数据，形成农产品专属码，消费者只需扫描包装上的二维码，就能一键

---

① 仙居新闻网，https://www.rjxj.com.cn/xjxw/202206/Content_863495.shtml.

查阅产出基地以及采摘、加工、销售等环节的溯源信息，确保农产品全程可溯、品质可信、品牌放心。

（二）"多数字平台协同 + 全产业链"的重庆荣昌猪模式

重庆市荣昌区是中国优良地方猪种荣昌猪的发源地，也是全国最主要的荣昌猪产区，存栏量约占荣昌猪全国存栏量的80%。近年来，荣昌借助大数据、物联网、云计算、区块链等技术，创新打造"容易管""容易养""容易卖""容易做""容易贷"五大平台，在有效解决线上交易标准、疫病防控、实物交收三大难题的基础上，实现了生猪活体线上交易 + 线下交收，生猪养殖、贩运、屠宰"一网式"实时监管，打造了全国生猪全产业链数字化、智能化发展样板。

开发生猪产业数字监管平台，促进生猪产业"容易管"。建立了农业投入品监管和追溯平台，建成畜牧兽医服务"110"云服务平台、FRID生猪产品质量溯源系统和兽药安全生产电子监控、畜禽粪污处理监控系统，对生猪防疫检疫、无害化处理、养殖环境监管等实行数字化管理，实现"养殖—屠宰—加工—交易"的全程溯源、全程监控、全程服务、全程公开，使每一头生猪的生命周期全过程都可实现溯源，生猪全程可追溯率达到82%。

建设生猪智能养殖平台，推动生猪"容易养"。按照现代化、信息化、自动化、智能化的建设方式，以标准化、现代化生产为核心，加大荣昌猪规模化养殖场智能化改造力度，建设智慧养殖示范场，配套自动料线、智能环控系统、智能饲喂系统、智能监控、自动称重、高压冲洗、自动加药器等现代化、智能化设施设备，同步安装物联网应用及大数据服务等智能化软硬件设施设备，达到"人畜分离、干湿分离、集中饲养、封闭管理、数据跟踪、全程溯源"的标准化养殖水平。

建立生猪线上交易平台，生猪交易"容易卖"。依托国家生猪交易中心建设，成功开创的生猪活体网市，交易生猪已超过8 000万头，交易额超过1 000亿元，已成为全国最大生猪活体现货电子交易市场。① 经过不断发展，交易范围覆盖30个省（区、市），实现活体线上交易 + 线下交收"卖猪不见猪"模式，汇集了大量全国生猪养殖、交易、流通的数据信息，

---

① 《全国农业全产业链典型县案例》。

有效解决生猪养殖户销路问题和采购户采购问题，提供生猪价格"晴雨表"，促进生猪市场"保供稳价"。

建设数字化生产线，屠宰加工"容易做"。以龙头企业为依托，加快数字化自动生产线建设，采用全程数控恒温冷链标准化分割，结合数控冷却排酸锁水保鲜技术，数字化精准控制盒装精品生鲜肉包装技术，延长保质期；采用国际领先的数字化灌装设备、数显光机检测技术、同步信号和伺服驱动技术、数控全自动喷码识别和数字化计重技术，良品率达到99.95%；建设数字化仓储管理系统和执行系统，实现高位货架冷链储存的全数字化自动管理；配套建设数字化物流系统，实现原材料出入库智能化管理、原材料信息可追溯。数字化赋能智慧加工大幅提高效率。

构建生猪金融服务平台，产业资金需求"容易贷"。通过生猪大数据实现数字资本化，创新性开展"数据"作为征信措施，为中小养殖企业贷款"画像"，开发线上金融产品，助其解决资金周转、短缺难题，截至2021年，已发放贷款2 600余万元。与大连商品交易所深化合作，支持生猪产融基地、生猪场外（OTC）市场建设，实现生猪交易期现联动。启动生猪"保险＋期货"试点工作，科学利用生猪市场价格形成与发现机制，有效破解"猪周期"难题。

（三）"数字科技服务企业＋全产业链"的庆渔堂模式

庆渔堂科技有限公司是一家集"物联网数字养殖服务＋水产供应链"于一体的全产业链平台型企业，也是浙江省湖州市南浔区数字渔业的龙头企业。该企业从渔户的痛点场景溶氧监测报警切入，逐步完善价值点，串联一二三产业，实现全产业链链通数融。

第一步：庆渔堂从"鱼塘溶氧监测报警"单点打破，从一开始帮助渔民解决鱼浮头的挑战，到后续借助溶氧量指标反推水体质量（也在同步研制借助声呐监测鱼体大小），对传统鱼塘提供更整体的智能监测预警服务。逐步构建渔村驿站组织化服务平台，高效实现了对鱼塘货源的规模化整合，实现平均亩产量增加10%～20%，已服务12 000多个鱼塘，奠定了产地侧品控的基础。[①]

---

① 庆渔堂，https://www.celefish.com/.

第二步：智能养殖池逐步替代传统鱼塘，实现全程的智能化、标准化管理，土地利用率提高 10 倍，总体成本下降 0.4 元/公斤，亩均年产值达到 60 万元。在数字化渔仓中通过设置太阳能板、自动增氧机、自动投料机、智能蜂窝池、自动净化区，使岸上渔场的养殖环境保持清洁。同时鱼的排泄物沉淀下来给稻田提供肥料，使过去的桑基鱼塘生态模式在不影响产量的情况下又重新回来了，为传统鱼塘退塘还田和尾水治理创造了极大的空间。

第三步：基于生产端的数字化和品控标准化基础，将服务产业链从生产端向下游和上游双向进行延伸。在下游销售方面，通过物联网将生产端零散的养殖区域和流通区域紧密地连接起来，把零散小户变成了"超级大户"，为销售端和消费端提供了安全的食品安全追溯网络和品牌化基础。利用物联网科技服务建立养殖户高黏性关系，革新市场供需平台大数据服务，提供成品鱼价格指数、检测、销售等服务，结合盒马鲜生、叮咚买菜、物美超市、巴奴火锅等供应链合作商的采购需求，建立"数字渔仓"，对商品鱼进行检测、分拣、暂养优化、初加工，显著缩短供应链，大大提升品控能力，实现活鱼的低损配送，鱼品溢价高达 0.4 元/公斤至 1 元/公斤，助力渔民卖好鱼、卖好价。在上游供应方面，基于生产和销售双端的数据，逐步沉淀了渔业全生命周期的数据，为产业上游鱼种、鱼药、鱼饲料等行业提供翔实的数据预测、营销、C2B 定制服务。最终，不仅提升了全产业链的数字化水平，还打造了庆渔堂与上下游企业的共赢格局（见图 7 - 1）。

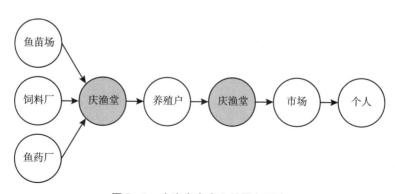

图 7 - 1 庆渔堂全产业链服务示意

二、借鉴启示

借鉴各地成功实践经验，对盐城市农业全产业链数字化改造提升有四点启示。

（一）立足区域资源优势、聚合资源重点发展是农业全产业链数字化改造提升的基础

立足区域资源优势、聚合资源重点发展是农业全产业链数字化改造提升的基础。虽然各地农业全产业链数字化发展模式不同，但都立足于区域资源禀赋，聚合区域资源进行重点发展，利用数字技术打通全产业链，推动特色产业集聚化发展，共同打造区域品牌，提升品牌知名度。农业各个品类间差异较大，全产业链数字化改造的需求也不尽相同，单品种全产业链大数据系统可以聚焦产业特征，有针对性地聚合资源，具有更强的应用属性。在上述典型案例中，仙居"亲农在线"杨梅平台、重庆荣昌猪数字化平台以及庆渔堂数字渔业平台都是一种单品种全产业链大数据系统。

（二）能用、管用、好用是农业全产业链数字化改造提升的原则

能用、管用、好用是农业全产业链数字化改造提升的原则。在上述典型案例中，农业全产业链数字化改造提升均以"用"为原则。例如仙居的"亲农在线"为农民提供生产、加工、流通、贷款、保险、销售的全链条服务，实现全周期"最多跑一次"；重庆荣昌猪通过数字化改造有效解决了生猪全产业链中线上交易标准、疫病防控、实物交收三大难题；庆渔堂则为渔业养殖户实现了平均亩产上升、养殖成本下降、销售损耗率降低。因此，只有以能用、管用、好用为原则，政府才能以较少的投入撬动各方资源共同推进农业全产业链数字化改造提升，使农业全产业链上的各个主体能够从数字化改造提升中获益。

（三）选择适合的全产业链数字化模式是农业全产业链数字化改造提升的关键

根据产业特征选择适合的全产业链数字化模式是农业全产业链数字化

改造提升的关键。在上述典型案例中，相较于生猪产业，杨梅产业链比较短，监管要求不高，产业对资金的需求也低于生猪产业。因此，仙居县选择通过"亲农在线"数字化平台，实现杨梅全产业链数字化改造提升，即"县域数字平台＋全产业链"模式，而重庆荣昌猪则通过"容易管""容易养""容易卖""容易做""容易贷"五大平台协同，实现生猪全产业链数字化改造提升，即"多数字平台协同＋全产业链"模式。渔业养殖相较于杨梅种植技术水平要求较高，与生猪养殖相比，行业集中度较低仍是零散小户，缺乏能够整合全链的龙头企业。因此，浙江省湖州市选择采用"数字科技服务企业＋全产业链"的模式进行农业全产业链数字化改造提升。

（四）多方协同是农业全产业链数字化改造提升的保障

多方协同是农业全产业链数字化改造提升的关键。农业全产业数字化改造提升需要政府、农户、合作社、加工厂、服务组织、农业协会、农业生产企业、销售企业、金融机构等众多机构。农业全产业链数字化改造提升的关键在于多方协同，消除数据流转中的"堵点"和"孤岛"，创新性地开发各类数据应用。例如，仙居"亲农在线"将"政银企商专农"六个方面的资源平台链接起来，多方合力以数字农业撬动共富变革。重庆荣昌猪的线上交易平台是依托国家生猪交易中心建设的，数字化生产线是依托屠宰加工龙头企业，金融服务平台则与金融机构合作。庆渔堂则与当地政府、养殖协会、销售平台、物流企业等共同合作提供全产业链数字化服务。

第三节　农业全产业链数字化改造的提升路径

一、建设目标

立足各区县农业资源优势，以单品种全产业链大数据系统建设为抓手，以能用、管用、好用为原则，根据产业特征选择合适的数字化模式，发挥链主企业优势，协同多方主体参与，重点推进射阳大米、东台西瓜、阜宁黑猪、响水西兰花、九龙口大闸蟹、盐都草莓、裕华大蒜、乾宝湖羊、滨海香肠等特色产业的全产业链数字化改造提升，以"一县一链"建设推进农业数字化改造新样板。

二、总体思路

建议盐城市农业全产业链数字化按照"基础先行，夯实底座→因地制宜，聚焦发展→因类施策，选择模式→针对痛点，补齐短板→由点及链，链通数融"的思路进行改造升级，具体见图7-2。

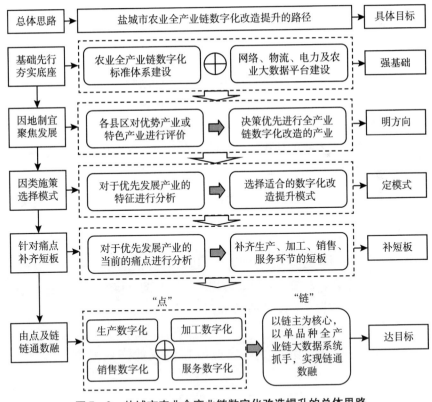

图7-2　盐城市农业全产业链数字化改造提升的总体思路

第四节　农业全产业链数字化改造提升的建议举措

一、基础先行，夯实基础支撑和数字底座

在网络方面，将基站、管道、杆线、机房等建设全面纳入乡村建设规划，加快乡村信息基础设施升级换代与普及覆盖，有序推进 5G 网络建设应用和基于 IPv6 的下一代互联网规模部署。在物流方面，整合交通、邮政、商务、农业农村等部门现有资源，推进农产品仓储保鲜冷链物流智慧基础设施建设，打通农产品出村进城"最先一公里"和"最后一公里"。持续提升农村快递服务水平，鼓励引导邮政、快递企业通过"邮快合作""快快合作"等多种方式，全面拓展"快递进村"范围和深度。对照 2023 年度江苏省农村物流达标县建设标准，对列入计划响水县、滨海县与阜宁县进行重点建设。在农村地理信息系统方面，构建农村公路数据库、大田种植田间路径数据库，实行 GIS 地图服务及路况评价，加快推广北斗卫星导航系统，为无人农机的使用奠定基础。在电力方面，依据农业数字化改造对电力的需求，推动农村电网网架结构和装备升级，提高智能化、数字化水平，加强智能输电、配电、用电建设。同时，提升电网对分布式新能源的消纳能力，积极支持农光互补、畜光互补、渔光互补、林光互补、牧光互补等新能源优先并网，服务农村能源"多能融合"发展。在农业大数据平台方面，按照"边建设、边应用、边完善"的思路，采用"数据一仓库、管理一平台、决策一张图、应用一掌通"的总体框架，推进"盐农云"农业农村大数据平台二期和三期工程建设。

二、因地制宜，聚焦优势农业或特色农业产业发展

依据农业全产业链数字化发展典型的经验启示，立足区域资源优势、聚合资源重点发展是农业全产业链数字化改造提升的基础。因此，农业全产业链数字化改造提升不能采用"撒胡椒面"式的全面推进，而是要聚焦重点"逐链贯通"。盐城市是农业大市，各区县均有相应的优势农业或特

色农业产业，如射阳大米、东台西瓜、阜宁黑猪、响水西兰花、九龙口大闸蟹、盐都草莓、裕华大蒜、乾宝湖羊、滨海香肠等。市政府以及各县区要对区域范围内的优势农业产业或特色农业产业从市场优势、市场潜力、产业基础、当前数字化程度、全产业链数字化预期成效等多个方面进行综合评价，决策优先进行全产业链数字化改造的农业产业。聚合资源重点发展，以"一县一链"建设推进农业数字化改造新样板。

三、因类施策，选择适合的全产业链数字化模式

依据农业全产业链数字化发展典型的经验启示，根据产业特征选择适合的全产业链数字化模式是农业全产业链数字化改造提升的关键。根据典型案例分析，常用的发展模式为"县域数字平台＋全产业链"模式、"多数字平台协同＋全产业链"模式以及"数字科技服务企业＋全产业链"模式。可将各县区优先发展的农业产业与典型案例中的产业进行对比分析，对于产业特征相近的产业，可参考典型案例中的发展模式，并结合自身情况进行选择。例如盐都区草莓、东台市西瓜、响水县西兰花、裕华大蒜的产业特征与仙居杨梅的产业特征相似，建议可参考"县域数字平台＋全产业链"模式；阜宁县黑猪和乾宝湖羊的产业特征与重庆荣昌猪的产业特征相似，建议可以参考"多数字平台协同＋全产业链"模式；九龙口大闸蟹的产业特征与湖州市南浔区渔业的产业特征相似，建议可以参考庆渔堂的"数字科技服务企业＋全产业链"模式。

四、针对痛点，补齐产业链各环节的数字化短板

依据农业全产业链数字化发展典型的经验启示，能用、管用、好用是农业全产业链数字化改造提升的原则。对于拟定优先进行全产业链数字化改造提升的农业产业痛点进行分析，基于此补齐生产、加工、销售、服务环节的数字化短板。根据调研和数据分析，具体建议如下。

推进种植业数字化。对于小麦、水稻等大田作物，重点推动耕整地、播种、施肥、灌溉、植保、收获等环节的农机精准作业，开展无人化农场作业试点。针对不同区域大田种植的环境特征，依托高等院校和科研院

所，开发适用不同区域大田种植环境特征的智能控制和决策系统。围绕蔬菜种植和特色果品的栽培管理，按照全程信息化需求，推动智能感知、智能分析、智能控制技术与装备的技术集成应用。推进畜禽养殖业数字化。重点加快养殖装备智能化升级研发，依托高等院校和科研院所，以企业为主体，聚焦重点畜种、饲草料加工、消杀防疫、环境控制、粪污资源化利用等关键环节，集中开展科研攻关。推进水产养殖业数字化，分别针对淡水养殖和海水养殖特征，构建基于物联网的水产养殖生产和管理系统，重点推进水体环境实时监控、饵料精准投喂、病害监测预警、病情远程诊断、养殖装备设施自动控制等技术和装备的应用。

在农产品加工方面，依托盐城市农副产品加工交易园区、大丰区农产品加工集中区、阜宁县农产品加工园、建湖县农产品加工集中区、东台市农产品加工集中区等9个省级农产品加工集中区，围绕粮食作物、畜禽产品、水产品及果蔬加工研发推广智能装备，提升农产品保鲜、烘干、清洗、检测、分级与加工技术装备数字化、智能化水平。加快构建基于大数据技术的主要农产品加工全程质量控制和清洁生产体系。

在农产品销售方面，以创建江苏省县域电商产业集聚区为抓手，综合考虑区域资源优势，搭建数字化产业链协同平台，加快推动农产品电商集群化发展，重点打造射阳大米、东台西瓜、阜宁黑猪、响水西兰花等特色农产品电商产业集聚区。除了"农产品＋电商""农产品＋直播"外，利用互联网、物联网、现代视频技术等数字化手段，进一步创新农产品销售模式，如"农产品＋可视农业""农产品＋微商""农产品＋众筹""农产品＋社群""农产品＋互联网认养""农产品＋新媒体（如小红书）"等，使农产品"多形式、多通路、多场景"触达消费者，打造农产品营销矩阵。推动有实力的电子商务企业渠道下沉，共建共享仓储等设备设施，提供技术赋能、供应链整合等服务，改造提升农村传统商业网点。推动农村地区商贸流通企业数字化转型升级，加强与电子商务、物流配送等资源对接，促进业务流程和组织结构优化重组，实现线上线下融合发展。

在农业"服务链"方面，首先推进本地农业服务主体数字化改造提升。探索"服务＋网络化＋智能化"的服务机制，构建家庭农场、农民合作社、农村集体经济组织、专业公司、供销总社基层社等多元主体参与的现代农业专业化社会化服务体系，通过数字化技术为农业经营主体提供高效、高质与便捷的农业生产、农技指导、动植物疫病防控、农机作业等服务。建立数字化综合服务平台，积极发展农资电子商务，提供线上下单、线下配送服务，延展服务链条。其次，根据需求引入数字化农业服务企业。随着数字化技术的发展与成熟，大量传统农业企业、互联网企业以及创业企业开始将数字化技术应用在农业服务领域，成立了众多新型农业服务组织，如农医生和云种养（农技服务平台）、新农宝（农业 SaaS 服务）、大田农服和嗡嗡农服（无人机飞防植保服务平台）、神州农服和史丹利农服（综合服务平台）、慧种地（智能化种植管理平台）等。各区县可以根据实际需求，引入上述数字化农业服务企业。

五、由点及链，推进农业全产业链的链通数融

各县区在生产、加工、销售、服务等环节数字化改造提升的基础上，完善或建设重点产业单品种全产业链大数据系统。农业全产业链条参与主体多、环节多、链条多，而链主企业在其所在的产业链中具有较大的话语权与更先进的技术与管理水平。因此，实现农业全产业链的链通数融，还需要以链主企业为核心，以数字化技术为手段，充分发挥链主企业在生产、交换、分配、消费等相互联系环节的关键作用，加强全链条的紧密性和战略协调性。首先，采用以龙头企业为重点的链主培育方式。依托全市9家国字号龙头企业和92家省级龙头企业，重点选择特色、品牌产业，作为全产业链重点培育的链主，如佳丰粮油和射阳县大米集团（优质粮油）、万洋食品集团（绿色蔬菜）、菌钥生命科技和富安茧丝绸（经济林果）、银宝集团和中粮家佳康（生猪）、大鹤蛋业和温氏畜牧（禽业）、正源创辉和怡美食品（水产）。同时还要根据各区县的实际情况，科学选择龙头企业类型（如生产型、加工型、销售型、服务型）。其次，以链主企业为核心强化全产业链的管理。支持链主企业与相关参与主体如小农户、企业等，共建数字化信息平台，通过平台与各主体强化联系，对各类信息进行管理，形成生产、运输、销售等环节的信息共享，同时形成市场反馈和各个主体良性互动，不断提高全产业链的效率和服务水平。最后，以链主企业为核心为主导完善全产业链利益共享机制。利益共享机制是产业链上不同主体能够长期、稳定、高效、紧密合作的基础。链主企业应根据经济情

况和产业发展情况，因地制宜地将具有共享利益的长期合作博弈结果应用到全产业链条，并通过数字化技术使彼此更加紧密协作，避免博弈导致囚徒困境，强化价值趋同性、一致性。同时，由于相对于链主企业，农户与小型企业在产业链中处于弱势地位，政府需要制定相关政策，确保农户与小型企业在利益分配中的公平与公正。

六、内培外引，加快农业数字化产业发展

"十四五"规划和 2035 年远景目标纲要提出，加快推动数字产业化，推进产业数字化转型。数字产业化和产业数字化是一个相互促进、协同发展的过程。因此，要有效推进盐城市农业全产业链数字化改造提升，需要加快盐城市农业数字化产业的发展。

一方面，做好本市农业数字化产业的培育工作。培育意味着资源的倾斜，在资源有限的情况下需要明确培育目标是首要问题，其中建议三类农业数字化供应商可以优先培育。第一类为优先进行全产业链数字化改造、提升农业产业数字化服务的供应商；第二类为对补齐生产、加工、销售、服务环节数字化短板起关键作用的供应商；第三类为在已有数字化建设项目中评价优秀的供应商。其次，以能用、管用、好用为评价标准，对建成项目进行评价，根据评价结果建立农业数字化服务供应商"红黑榜"，在后续的招投标过程中给予相应奖惩，加速本市农业数字化产业优胜劣汰；最后，对有潜力成为链主的农业数字化服务供应商，从资金、政策、组织协调等多方面全力支持其发展。

另一方面，做好市外优秀农业数字化服务供应商的引入和对接工作。首先，搭建平台，聚焦农业全产业链数字化过程中的痛点和难点，定期组织市外优秀农业数字化服务供应商，为本市需要的农业主体提供"智改数转"诊断，做好优秀农业数字化服务供应商的推荐以及供需对接工作。其次，对已经成为链主的农业数字化服务供应商，如湖州市南浔区的庆渔堂，可以引入，与本市相关产业紧密对接，借助其能力和平台，快速实现该产业数字化改造提升。最后，采取政府购买"智改数转"诊断服务、农业数字化项目贷款贴息和建设补助等方式，吸引优秀农业数字化服务供应商进入本市，提升数字化供给服务水平。

第八章　盐城市农业全产业链市场主体培育的关键举措研究

　　加快培育新型农业经营主体是推进我国农业现代化的一项重大战略。新型农业经营主体是指在完善家庭联产承包责任制度的基础上，有文化、懂技术、会经营的职业农民和具有大规模经营、较高集约化程度和市场竞争力的农业经营组织，主要包括专业大户、家庭农场、农民专业合作社、农业龙头企业以及农业服务组织。新型农业经营主体是农业全产业链建设的主力军，主体的类型、数量、规模、能力、辐射带动作用等是影响农业全产业链建设进程的关键要素。盐城新型农业经营主体培育初有成效，但仍在存在一些短板，还需从优化主体结构、规模化主体发展、专业化主体运作和强化主体协同四个方面入手，加快培育出能够担当农业全产业链建设重任的市场主体，有效推动盐城农业全产业链建设进程。

第一节　盐城农业全产业链市场主体培育的优势与短板

一、优势分析

　　在《关于加快培育新型农业经营主体的实施意见》《关于进一步加强财政支持新型农业经营主体培育的若干政策措施》《盐城市培育新型农业经营主体专项资金申报指南》等相关政策的支持下，盐城市新型农业经营主体发展态势良好，为后续的主体培育工作奠定了优势基础。

（一）突出全产业链，主体类型不断丰富

盐城市紧紧围绕农业全产业链环节，不仅重视农业生产、加工环节的主体培育，而且重视产业链上下游主体的招引和培育工作，不断丰富农业全产业链市场主体类型。在产业链上游主体培育方面，积极引进先正达、中江、隆平高科等知名种业企业落户盐城，2022 年全市共认定 41 家农业科技型企业，[①] 并积极推进企业与中国农业大学、南京农业大学、省农科院、江南大学、扬州大学等农业高校科研院所的产学研合作，联合开展农业技术创新项目。在产业链下游主体培育方面，一是积极培育农产品集散型主体，如多功能粮食现代物流产业示范园、中国供销商贸东台集采分销中心、射阳县供销合作社农资储备配送中心、滨海县农产品数智化流通平台、射阳县粮食仓储物流园等；二是积极培育农产品贸易平台型主体，如江苏华东农副产品交易中心、标准化智慧农贸市场、"盐之有味"农产品营销中心等；三是积极培育农业产业融合新业态主体，累计建成各类休闲农业景点 681 个，[②] 荷兰花海、黄海森林公园、大纵湖景区、鹤香菊海等休闲农业示范景点叫响长三角。

（二）重视引培聚联，主体数量不断增加

近年来，盐城市重视引、培、聚、联多方式并举，新型农业经营主体数量不断增加。2022 年全市拥有规模农业产业化龙头企业达 1 830 家，其中国家级 9 家、省级 99 家，[③] 引进中粮、光明、牧原、温氏等一批国内知名农业龙头企业；累计建成农业产业化联合体 82 家，其中省级认定示范联合体 29 家；[④] 全市纳入农业农村部名录系统管理的家庭农场超过 3 万家，其中省级示范 325 家，市级示范 527 家；[⑤] 共成立农民专业合作社 7 233 家，5 家农民合作社进入全国百强。[⑥] 截至 2023 年 2 月，全市已有

---

① 盐城市科学技术局，https：//kjj. yancheng. gov. cn/art/2022/8/10/art_1757_3890774. html.
② 盐城市农业农村局，https：//snw. yancheng. gov. cn/art/2022/8/29/art_898_3899106. html.
③ 盐城市农业农村局，https：//snw. yancheng. gov. cn/art/2023/3/3/art_898_3970893. html.
④ 盐城市农业农村局，https：//snw. yancheng. gov. cn/art/2023/1/6/art_898_3949359. html.
⑤ 盐城市农业农村局，https：//snw. yancheng. gov. cn/art/2022/12/15/art_24595_3944483. html.
⑥ 盐城市统计局，http：//tjj. yancheng. gov. cn/col/col1779/index. html.

7 277 家新型农业经营主体纳入名录，当年新增 360 家。[①]

（三）加强龙头培育，主体规模不断壮大

2022 年，盐城市以农业全产业链建设为重点，大力实施龙头强农工程，强龙头、壮龙身，培育形成开票销售超 20 亿元的企业 2 家，超 10 亿元的企业 7 家，全市链上列统的 200 家农业规上企业开票销售 408.26 亿元，增幅 11.7%；全市建成 9 个列省列市重大项目、93 个列市 5 000 万元以上投资项目和 206 个报省 1 000 万元以上投资项目；持续推进千万元以上农产品加工项目建设，全年新办千万元以上加工项目 119 个，其中亿元以上项目 26 个。同时，重视产业链延伸发展，2022 年全市休闲农业综合收入、农产品网上销售额保持高速增长，分别达 211.04 亿元、250.06 亿元。[②]

（四）优化培育流程，主体质量不断提升

通过相关培育工作，盐城市各类新型农业经营主体的质量不断提升。一是龙头企业质量不断提升，2022 年省级以上农业产业化龙头企业数量全省第一，江苏省农垦麦芽有限公司获评"2022 年度江苏省省长质量奖"。[③]二是农民合作社质量不断提升，2022 年国家农民合作社示范社中，盐城有12 家入选，位列全省第一。[④] 三是农贸市场质量不断提升，通过"星级农贸市场"评比活动，改善市区农贸市场整体环境，提升市区农贸市场管理水平，优化盐城农业全产业链销售环节。四是家庭农场质量不断提升，2022 年全市新创成省级示范家庭农场 46 个，全省最多，2 个家庭农场入选省家庭农场典型案例，16 个家庭农场入选江苏省"百佳家庭农场"，亭湖区金灿家庭农场有限公司入选 2022 年度国家级生态农场，盐城市家庭农场服务联盟入选江苏省"十佳家庭农场服务联盟"。[⑤]

---

① 盐城市农业农村局，https：//snw. yancheng. gov. cn/art/2023/2/17/art_898_3964818. html.
② 盐城市人民政府，https：//www. yancheng. gov. cn/art/2023/3/28/art_49_3980367. html.
③ 盐城市农业农村局，https：//snw. yancheng. gov. cn/art/2023/1/6/art_898_3949359. html.
④ 盐城市人民政府，https：//www. yancheng. gov. cn/art/2023/5/4/art_49_3994709. html.
⑤ 江苏省人民政府，https：//www. jiangsu. gov. cn/art/2023/2/1/art_81590_10752428. html.

二、短板分析

（一）产业主体分布结构不均衡，加工服务功能不全

农业全产业链的建设需要农业技术服务、农业种植、农产品加工、食品加工、物流流通、农产品销售等不同类型农业经营主体的共同努力。虽然盐城市新型农业经营主体众多，但是从全产业链建设的需求角度来看，存在主体类型、规模不匹配的问题。如农业种植和初级加工主体多、深精加工主体少且规模不够，导致农业加工水平不高，在长三角 27 个城市中，盐城农业经济总量居首位，而农产品加工业产值仅居 13 位，农产品加工业产值与农业总产值 2.44 : 1，① 远低于全省 2.78 : 1 的平均水平；② 如生产性经营主体多、服务性经营主体少，在农业技术生产服务、第三方冷链物流服务、专业化销售运营服务等方面相对缺乏，导致断链，无法形成科学合理的农业全产业链体系构架，无法满足农业全产业链建设需求。

（二）主体培育和发展后劲不足，链主企业活力不够

一是规模化农业龙头企业的发展速度缓慢。2021 年全市国家级龙头企业 9 家，③ 2022 年依然是 9 家，④ 截至 2023 年 5 月也未有增加；省级龙头企业的数量，2021 年为 92 家，⑤ 2023 年 5 月为 99 家，⑥ 两年间仅增加 7 家。二是带动能力强的链主型企业的培育速度亟须提升。全市还没有一家开票销售超百亿元的农业龙头企业，产出规模大、创新水平高、核心竞争力突出的链主型企业还有待培育或引进。三是农业专业合作社的有效经营率需要提高。2019 年，盐城市农业专业合作社的数量为 10 987 家；2020年为 11 260 家；2021 年为 7 233 家；截至 2023 年 2 月，有 7 277 家，⑦ 这是全省范围内大规模开展空壳社的清理工作导致的，大约清理掉 4 000 多

---

① 盐城市人民政府，https：//www.yancheng.gov.cn/art/2022/10/12/art_49_3916139.html.
②⑤ 全国西兰花种植分布情况和品种汇总，附专家预测！农兴菜价通.
③⑥ 江苏省农业农村厅，https：//nynct.jiangsu.gov.cn/art/2022/9/30/art_13276_10620254.html.
④ 盐城市农业农村局，https：//snw.yancheng.gov.cn/art/2023/3/3/art_898_3970893.html.
⑦ 盐城统计局，http：//tjj.yancheng.gov.cn/col/col1779/index.html.

家空壳合作社。这说明 2019 年以来，很多合作社成立之后并没有进行有效经营，农民合作社的经营质量还有待进一步提升，同时也说明处于有效经营状态（非空壳）的农民专业合作社的培育增速并不高。

（三）主体科学运作能力有欠缺，主体运作效率不高

科学管理能力是提升主体运作效率、提高投入产出率、增加农业附加值的有效手段。由于大部分农业生产经营主体（如家庭农场、农民专业合作社、农产品初级加工主体等）由拥有种植、养殖技术的农民组成，缺乏科学的管理知识。对内，在生产数量、库存管理、市场定价、风险规避、社内成员利益分配等方面不能做出合理的决策；对外，存在契约精神不足、谈判能力不具备、合作增值收益二次三次分配不合理的现象，导致"公司＋农户""公司＋合作社""公司＋基地"等生产模式无法有效落实，农业加工增殖产业链难以拉长。此外，主体品牌建设能力弱这一问题尤其突出。盐城农业市场主体中，在全国市场叫得响的品牌不多，佳丰油脂的恒喜食用油、宁富食品的宁富猪肉等虽然获评中国驰名商标，但农产品品牌和市场主体品牌整体知名度仍不高，相关企业的产品与大众熟知的品牌销量差距较大。

（四）主体协同发展意识不到位，主体协同发展不足

农业全产业链是农业研发、生产、加工、储运、销售、品牌、体验、消费、服务等环节和主体紧密关联、有效衔接、耦合配套、协同发展的有机整体，需要产业链上各环节主体的协同共建，但是盐城农业生产经营主体的协同发展意识还较为薄弱。一方面，同类产业主体之间在创新协同、产销协同等方面不够紧密，产业分工、协作联动不够。以大米为例，9 个县（市、区）都有种植，全市虽然以射阳大米龙头组建了大米产业促进协会，但运营时间不长，缺乏有效的利益分配机制，协同发展不够。另一方面，上下游产业主体之间协同度不够。在盐城农业全产业链中，企业主体占主导地位，片面追求自身经济利益最大化，与上下游端的小农户、专业大户、销售平台等市场主体在加工、流通、销售环节的利益联结不够紧密，产业链的聚合效应有待加强。

第二节　盐城农业全产业链主体培育思路与目标

一、农业全产业链市场主体培育思路

以农业全产业链建设市场需求为导向，立足不同品类农业全产业链发展特征，一方面，依托盐城市农业六大产业链，分层次谋划需要引进或培育的链主企业、龙头企业、合作社的类型和数量，强化相关主体带动作用，加快形成"链主企业＋龙头企业＋合作社＋农民"层级性的市场主体组织架构；另一方面，加大引培力度，统筹规划产业链体系结构布局，尤其是流通、销售、农资、技术等服务型主体的布局。同时，全面提高主体能力，加强横纵向产业链主体之间的协同合作，推进产业融合，打造农业产业集群。最终，形成分工明确、带动范围广、专业程度高、类型完备、协同发展的盐城农业全产业链市场主体体系。

二、农业全产业链市场主体培育目标

农业全产业链市场主体培育总目标为基于农业全产业链需求，加快培优扶强，激发市场主体活力，推动全产业链市场化运营。具体来说，根据盐城市《关于加快培育发展农业全产业链的实施方案》，要依托重大项目载体平台，加大农业产业招商力度，着力打造一批年销售超10亿元、20亿元的农业全产业链"链主"企业，突破年销售超30亿元、50亿元的领军龙头企业；引导龙头企业采取兼并重组、股份合作、资产转让、资本运作等形式，建立大型农业企业集团，实现企业上下游产业链的有效整合，打造知名企业品牌和具有全国影响力的行业企业集群；充分发挥龙头联结带动功能，统筹发展农产品产地初加工、精深加工和综合利用加工，推进农产品多元化开发、多层次利用、多环节增值；到2025年，全市重点培育农业全产业链"链主"企业20家左右，新增省级农业龙头企业20家、国家级农业龙头企业2家。

围绕上述目标，盐城市农业全产业链市场主体培育取得了一定成效。

一是经营主体队伍明显壮大。农业产业化重点龙头企业、农民合作社示范社、示范家庭农场分别超 500 家、1 500 家、6 000 家；发展一批多元农业服务组织、农业联合体、农业园区载体、电商平台、销售带货能手。二是服务带动效应显著增强。全市新型农业经营主体经营土地面积占承包耕地面积比重突破 70%，新型农业经营主体服务带动农户覆盖率达 90% 以上。三是发展质量效益稳步提升。农产品加工产值与农业总产值之比力争突破3.0，农业科技进步贡献率突破 74%，绿色优质农产品比重达 75% 以上。总之，盐城市将集人力、物力、财力融合之力培育一批集集约化、专业化、组织化、社会化特征于一体的多元新型农业市场主体。到 2025 年，基本形成以家庭经营为基础、新型农业经营主体为依托、社会化服务为支撑的现代化农业经营体系，以全市新型农业经营主体兴带动全市现代农业兴。

第三节　盐城农业全产业链主体培育典型案例借鉴与经验启示

一、盐城滨海——白首乌产业链

滨海白首乌产业位于盐城市滨海县，滨海白首乌是中国地理标志证明商标、国家地理标志产品保护和国家农产品地理标志，是全国首乌行业唯一获得国家三项地理标志保护的原产地保护产品。全产业链总产值 5 亿元，其中一产总产值 0.6 亿元，二产总产值 3 亿元，三产总产值 1.5 亿元。全产业链共有各类经营主体 19 个，其中，省级农业龙头企业 1 家、市级农业龙头企业 2 家，带动近 2 000 农户直接参与产业发展。①

二、盐城东台——翠源食品科技股份有限公司

江苏翠源食品科技股份有限公司成立于 2010 年 6 月，是集蔬菜种植、加工、出口贸易于一体的省级农业产业化龙头企业，2018 年获得省级农业

---

① 盐城市农业农村局 2020 年调研报告。

科技型企业称号。公司地处东台市三仓镇，占地面积36 638平方米，从业员工180多人，拥有2 000多亩无公害出口备案蔬菜基地，年生产脱水蔬菜3 000多吨、保鲜蔬菜20 000多吨。① 公司以"帮助农民、提高农民、富裕农民"为目标，按照"带动作用突出、综合竞争力强、稳定可持续发展"的建设思路，坚持以分工协作为前提，以规模经营为依托，以利益联结为纽带，全力打造"一体化"新型农业产业化经营组织联盟。

三、盐城大丰——江苏佳丰粮油产业化联合体

江苏佳丰粮油产业化联合体成立于2018年9月，旨在加强江苏佳丰粮油工业有限公司与油菜籽专业合作社以及农场公司的深度合作，进一步发挥农业产业化龙头企业、合作社、农场公司各自的优势，实现三大主体融合发展，提高整体竞争力和经济效益。2018年12月，被认定为"省级示范农业产业化联合体"。经过3年的发展，现已由原先的3家合作社和6家种植农场及种植公司，新增5家科研院校及生物农业公司、18家大型种植业农场和11家农民种植大户。2021年，联合体油菜籽种植面积达18万亩，油菜籽收获总量4万吨，同比2019年、2020年增长16%、43%，农户的油菜籽亩产出量从2018年的不足0.3公斤/亩，增加到如今0.45公斤/亩，户均增收1 000元。②

四、借鉴启示

上述市场主体培育成功案例均取自盐城市，对本市的市场主体培育工作具有较高程度的普遍指导意义，值得进一步推广和借鉴。

（一）加大与技术研发主体合作力度，克服主体发展短板

传统的首乌种植以块根种植为主，容易产生病虫害，且难以实现多年生，营养积累不充分，也就是说在规模化产出、高质量产出、精深加工产品开发等方面还存在技术问题。因此，滨海白首乌产业主体主动与江苏省

---

① ② 盐城市农业农村局2020年调研报告。

农业科学院合作，使多年生首乌种植取得高营养化、规模化、机械化种植成功；与北京中医药大学、北京炎黄国医馆、南京大学、东南大学、南京中医药大学、江苏省农科院等科研院所合作，对白首乌在食品、医药、美容等方面进行综合研究，滨海白首乌产品已由过去单一的首乌粉发展到首乌速溶粉系列、超微细营养粉、首乌干条、首乌花、首乌酒等二十多种系列产品。此类研发深度合作不仅可帮助盐城市现有农业市场主体克服其发展短板，还能催生出新的加工或服务类的农业市场主体。

（二）积极向下游延伸产业链，完善各类市场主体培育

以产业链文化为抓手，积极向下游拓展农业功能，尤其完善三产相关配套主体，积极打造全产业链生态构架。仿照白首乌全产业链市场主体培育的做法：围绕首乌种植基地建设了首乌主题休闲庄园，年接待游客近1万人次，① 首乌博物馆也在筹建中；围绕首乌加工基地，依托雄越生物公司建设了网红打卡地和电商直播基地；围绕首乌营销，建设了白首乌体验店、一体化采购中心。

（三）发挥龙头的牵引作用，带动其他市场主体有序发展

以江苏翠源食品科技股份有限公司为龙头，采取"企业＋合作社＋农户"组织形式，牵头吸收东台市华通蔬菜专业合作社、东台市王青瓜果蔬菜专业合作社、东台市鲁凡瓜果蔬菜专业合作社、东台市李杨蔬菜种植家庭农场4家专业合作社（场）以及东台设施蔬菜产业分店、王兵等10家蔬菜种植大户，成立"东台市脱水蔬菜农业产业化联合体"（简称"联合体"），为农户提供农资供应、技术集成、培训指导、农机作业、冷链物流、市场营销等全方位的专业化服务，提高农户决策科学性，促进小农户和现代农业发展有机衔接。2022年度，联合体共制订胡萝卜、青梗菜等种植计划8项，把计划分解到各合作社、农户后，种植面积得到有效保证，稳定了企业生产原料的供应，仅从联合体就收购各类蔬菜达28 000多吨，让联合体成为农户种植蔬菜的"稳压器"。②

①　盐城市农业农村局2020年调研报告。
②　盐城市农业农村局，https：//snw.yancheng.gov.cn/art/2022/5/18/art_24595_3854001.html.

（四）深化农业全产业链发展，持续扩大主体规模

江苏佳丰粮油工业有限公司牵头，以种植、加工的成员单位为主体，增加科研、生物、农资等服务性成员单位，形成了集育种、种植、收购、加工、经营、销售、科技研发、农资服务于一体的全产业链产业联合体。持续吸引江南大学、江苏大学、盐城市农业科学院、根力多生物科技股份有限公司、光明种业有限公司 5 家科研院所加入，并通过成员单位的推荐，陆续吸纳 18 家大型种业农场和 11 家农民种植大户加入产业联合体，共享联合体带来的便捷的同时提升整体竞争力和抗风险能力。2022年，基地的种植面积已达 18 万亩，带动农户 1.2 万户。①

（五）提供多方位学习渠道，不断提升主体技能

江苏佳丰粮油工业有限公司作为联合体牵头单位，深知科学技术是第一生产力的道理。2019 年 3 月，组织联合体成员参加"2019 年油菜花期田间管理技术培训班"。观摩 6 家成员单位油菜田间管理现场，农业植保专家王凤良同志做田间知识讲座，与参会农场代表进行油菜管理交流；奔赴湖北襄阳鲁花集团学习油菜籽先进的加工技术；前往荆门参观 30 万亩油菜种植基地，学习油菜大面积种植的经验；在安徽风乐种业有限公司制种基地现场学习优良油菜选种经验，从源头把控菜种品质；通过培训学习，增进农资服务单位与种植单位的互动交流，有效提高成员单位的联结合作。经过一系列的技能提升，2021 年联合体油菜籽产出总量增长到 4 万吨，比 2019 年（油菜籽产出总量为 3.3 万吨）增长 21%，产值增加 4 760万元。②

第四节　推进盐城农业全产业链市场主体培育关键举措

基于当前盐城市农业全产业链市场主体培育的优势与不足，借鉴盐城市较为成功的市场主体培育经验，根据盐城市农业全产业链市场主体

①② 盐城市农业农村局，https://snw.yancheng.gov.cn/art/2022/5/18/art_24595_3854001.html.

培育思路与目标，本书认为盐城市农业全产业链市场主体培育要从主体结构优化、主体发展规模化、主体运作专业化和主体运作协同化四方面入手。

一、处理好市场与政府的关系，实现市场主体结构优化

（一）瞄准农业全产业链缺失环节，做好市场主体引培工作

到 2023 年，盐城农业六大产业链市场经济格局已初步建立，但仍然普遍存在链主企业缺失、配套企业不足等问题，需要重点引进或培育一批农业技术、农产品精深加工、食品加工、农产品流通以及销售服务型链主企业或领军龙头企业。农业市场主体的数量与规模基本由市场决定，但同时又受到政府调节和引导的影响。政府必须瞄准六大农业全产业链的缺失环节和薄弱环节，精准发力，加大招商引资力度，不断优化营商环境，增强盐城项目招引竞争力，为市场主体的落户、持续壮大和发展提供全方位支持，为全产业链的构建提供多元化主体基础。

（二）基于农业全产业链建设需求，统筹市场主体空间分布

合理科学的产业规划布局是集约资源、提高资源利用率、提升产业规模的基础。一是基于六大农业全产业链的分布情况，统筹规划六大产业空间布局，明确各县镇重点发展产业以及招引企业的落户区位。二是集约各县镇农业发展需求和各加工企业需求，加快形成粮油、果蔬、生猪、林果、禽业以及水产农产品加工园区。三是基于各加工园区，规划布局以市级农产品批发市场、县级农产品交易市场以及乡镇村级农产品集散地为主的三级商贸物流网络，有序吸引农产品物流、销售、电商等企业入驻，打造盐城现代农产品流通体系。

二、加强政府引导和支持，促进市场主体发展规模化

（一）聚焦链主企业培大育强，发挥牵引作用

链主企业是产业链群核心节点，能够持续带动中小企业不断创新发展、驱动整个产业转型升级。建议加大政策支持和要素保障力度，支持鼓

励"链主"牵头构建"链主企业+龙头企业+合作社+农民"层级性的市场主体组织架构，形成由链主企业主导、涵盖全产业链、直连用户、安全可控的产业生态，引导链主企业注重追求经济效益、社会效益、生态效益的有机统一，推动实现"一个链主企业引领带动一条产业链发展"的良好格局。加快产业扶持政策创设调整，注重由扶企业向扶链条转变，由普惠化向功能性转型，加强政策激励相容，提升产业政策和竞争政策的协同。

（二）壮大新型主体发展规模，提升经营质效

积极培育农村产业发展带头人，继续加大土地流转，强化农民合作社和家庭农场对农民种养的基础作用，带头实施科学种养。一方面，促进农民专业合作社提质发展，减少空壳合作社，分类打造地缘性合作社、同品类合作社、垂直性合作社，不断扩大合作社规模，吸纳更多农民加入，提高种养科学性，同时培育农民专业合作社联合社，发展龙头型联合社，提升市场话语权。另一方面，规范家庭农场发展，加大种植养殖补贴、技术与服务支持，提高种植养殖成功率和产品收入转化率，并建立家庭农场联合发展机制，鼓励专业合作、股份合作、综合合作等多元化发展方式，组建一批家庭农场联盟，扩大经营规模，提高竞争力和风险抵抗能力。

三、加大技术、人才、服务支撑，促进市场主体运作专业化

（一）增加技术研发支持，助力主体突破农业技术瓶颈

一方面，通过增加政策资金扶持、引导社会资本或国有资本介入，鼓励链主企业、龙头企业、科技型企业加大技术研发投入，积极引导其与科研院所、高校等进行产学研合作，为农产品生产、加工、销售、售后等创新提供技术支持，打破传统农业向农产品加工、精深提纯等转化的技术瓶颈。另一方面，充分发挥企业在农业技术多元化服务体系中的作用，鼓励、引导和支持有技术的企业开展专业化、社会化技术服务。鼓励企业与公益性基层农技推广机构合作，培训农技人员，开展技术服务；鼓励企业积极开展防灾减灾、稳产增产等公益性农技服务；鼓励企业开展统一育秧插秧、智能化配肥和肥料统配统施、植物病虫害统防统治、动物疫病防

控、机械化生产、农产品精深加工等关键环节的专业化技术服务。

（二）健全人才培养机制，优化市场主体整体素质

一是加大培训力度。加大新型农业经营主体和服务主体经营者培训力度，实施好新型农业经营主体带头人、返乡入乡创新创业者等分类培育计划，加强统筹指导各地各部门培训计划，大力开展家庭农场经营者轮训，分期分批开展农民合作社骨干培训，加大农业社会化服务组织负责人培训力度。二是大力发展农业职业教育。加快改革农科专业体系、课程体系、教材体系，科学设计教学模式、考试评价模式，推动农业职业教育更好服务产业发展，科学布局中等职业教育、高等职业教育、应用型本科和高端技能型专业学位研究生等人才培养的规格、梯次和结构。三是着力提升农村主体的综合素质。一方面，加强农村科普，健全和完善县乡农业技术推广普及网络，积极利用各类新媒体传播渠道来广泛宣传农业生产应用技能和成功经验。另一方面，加强农村科普活动场所和科普阵地建设、加强农技推广和公共服务人才队伍建设，支持农技人员在职研修，优化知识结构，增强专业技能，引导鼓励农科毕业生到基层开展农技推广服务。

（三）完善市场服务体系，为市场主体提供专业化服务

一方面，加快培育、壮大农业科学技术服务企业、专业技术（农机）服务合作社等具有农业生产、种植、加工技术的市场主体，规范服务内容、细化服务管理，以单环节托管、多环节托管、全托管等多种模式，为各类市场主体提供专业化、专门化的生产技术服务。另一方面，加快完善以品牌运营、市场营销、品牌推广、电商运作、现代管理等为主的管理咨询类市场服务体系，以外包、咨询等方式，为有需求的农业生产经营主体提供管理服务，充分提高管理运作决策的科学性和正确性。

四、转变传统经营模式，加强市场主体运作协同化

（一）鼓励多种形式的合作，加强横纵向协同发展

鼓励产业主体之间的协同合作。横向加强同类产业主体之间的协同合作，形成产业发展联合体、产业发展联盟，组建大米、生猪、西兰花等优

质主导产业行业协会，发挥好行业协会作用，监管相关主体经营优化，做大做强主导产业。纵向加强不同产业主体之间的协同合作，加速一二三产业融合发展，推进产业链纵向前延后伸：一方面，以"粮头食尾""农头工尾"为抓手，以农产品加工业为"干"贯通产加销，大力发展农产品初加工和精深加工，鼓励农业龙头企业转型发展预制食品、中央厨房等新产业模式，带动产业链主体上下游协同发展，不断健全完善"从种子到餐桌"的农业全产业链条；另一方面，将农业全产业链充分延伸至第三产业，加强农业经营主体与文旅经营主体之间的协同发展，引导传统农业（果蔬种植、花卉种植、水产养殖等）向旅游、休闲、康养产业发展，深化农文旅融合，拓展农业功能。

（二）依托数字化技术，搭建产业链协同发展平台

鼓励各区政府首先针对主导农业，利用先进的大数据、区块链、物联网等数字化技术，为各类农业技术服务主体、高等院校、科研院所、金融主体、农业生产种植主体、农产品加工主体、农产品流通主体、管理服务主体、文旅产业主体等集成搭建一体化协同发展平台，提供信息交流、合作对接、项目孵化、政策对接、资金支持等功能，利用数字赋能，减少信息差和牛鞭效应，方便各类市场主体整合资源、优化资源配置、提高资源利用率、提高决策准确性和科学性，协同推进盐城农业全产业链建设进程。选取发展快速、成功的典型案例，作为全市推广的典范，不断健全、扩大协同发展平台的覆盖面和覆盖范围。

（三）完善利益机制，保障主体协同收益分配

支持引导企业采用"订单收购＋分红""土地流转＋优先雇用＋社会保障""农民入股＋保底收益＋按股分红"等多种利益联结方式，让广大农民分享农业加工、销售环节的增值收益。鼓励和引导符合条件的农业产业化龙头企业牵头组建农业产业化联合体，充分发挥龙头企业在联合体发展中的核心引领作用，以"公司＋合作社＋家庭农场或专业大户"的形式，推动产加销一体化经营。支持农民合作社成员以资金或土地、设备、技术等作价入股合作社，实现成员与合作社之间利益共享、风险共担。鼓励农业产业化龙头企业通过设立风险资金、为农户提供信

贷担保、领办或参办农民合作组织等多种形式，与农民建立稳定的订单和契约关系。创新农业股份合作制企业的利益分配机制，明确资本参与利润分配的上限，增加土地、劳动力等要素的利润分配比例。支持新型农业经营主体对农户土地经营权入股部分采取特殊保护，探索实行农民负盈不负亏分配机制。

第九章　盐城市引领农业产业发展的品牌建设路径研究

　　农业品牌是农业农村现代化的重要标志，中共中央、国务院《关于做好 2022 年全面推进乡村振兴重点工作的意见》强调开展农业品种培优、品质提升、品牌打造和标准化生产提升行动，为农业品牌建设提供了重要指引和方向。农业品牌建设是推动农业高质量发展的重要举措，打造区域农业品牌是落实乡村产业振兴战略的基本要求。盐城市委、市政府高度重视全市农产品品牌培优与提升，为深入贯彻"品牌强农、营销富民"战略，2022 年出台《关于推进全市农产品品牌培优提升的工作方案》，强调培育"1＋9＋N"精品品牌，提升盐城农产品市场知名度、附加值和竞争力，助力农业大市向农业强市跨越。为全面落实市委、市政府的决策部署，推动盐城打造一批知名区域农业品牌，引领农业产业发展，本书聚焦盐城市农业品牌建设路径探析，梳理农业品牌建设的优势与短板，明确品牌建设的挑战与机遇，以打造特色优势农业品牌为目标，从人才培养、科技创新、产业融合和运营管理四个方面，全方位加强农业品牌孵化和品牌提升，并以品种品质"两品"联动、农业集群化产业化"两化"融合等创新举措，不断提高品牌附加值与竞争力，为农民创造更多的利润空间，优化农业全产业链价值，进一步推动盐城市农业农村现代化发展。

第一节　盐城引领农业产业发展的品牌建设现状

一、优势：盐城引领农业产业发展的品牌建设基础

一是农业品牌发展有规模。盐城农业体量大、体系全，是长三角农业总产值唯一超千亿元的城市，生猪、蔬菜、家禽、水产、经济林果等主导优势产业规模均达百亿元以上，建成了600万亩优质稻、600万亩专用小麦、500万亩次优质果蔬、170万亩海淡水养殖、750万头生猪养殖和超2亿羽的肉蛋禽养殖等优质农产品生产供应基地，[①] 培植了东台西瓜、射阳大米、阜宁生态猪等30多个10亿元级的规模优势品牌产业。[②]

二是农业品牌发展有支撑。在规模支撑下，盐城农业全产业链发展的品牌效应不断放大。市级层面出台《关于加快培育发展农业全产业链的实施方案》和《关于推进全市农产品品牌培优提升的工作方案》，提出做优1个市级区域公用品牌、做大9个优势产业品牌，做强"N"个企业品牌的"1+9+N"农产品精品品牌体系。射阳大米、东台西瓜、阜宁黑猪、响水西兰花被评为江苏省"十强农产品区域公用品牌"，东台西瓜、射阳大米入选中国农产品区域公用品牌目录，并分获首届江苏品牌农产品营销促销大赛金奖、银奖及网络人气奖，东台西瓜被认定为中国特色农产品优势区，射阳洋马菊花、响水西兰花、盐都大纵湖大闸蟹被认定为省级特色农产品优势区。截至2022年，23个农产品品牌入选江苏农业品牌目录，乾宝湖羊等5个品牌入选江苏"三高"农业品牌发展案例，获认证国家地理标志农产品19个、中国驰名商标13个、地理标志证明商标和集体商标56个、地理标志保护产品9个。[③] 盐城农产品以绿色、优质、丰富、生态的良好口碑，赢得了广泛的知名度、美誉度和市场影响力，实现了品牌价

---

① 盐城市农业农村局，https://snw.yancheng.gov.cn/art/2024/1/16/art_898_4135879.html.

② 盐城新闻网，https://www.ycnews.cn/p/495496.html.

③ 盐城市农业农村局，https://snw.yancheng.gov.cn/art/2022/7/4/art_898_3874426.html.

值提升、产品增值富民。

三是农业全产业链品牌建设有主体。市级层面明确协会作为公用品牌管理者、商标持有者，制定协会章程、集体商标使用办法，完善发展机制，制定和执行行规公约等规章制度，负责品牌日常运营管理。以品牌影响吸引中小企业加入协会、融入产业链和供应链，不断扩大规模效益、成本优势和品牌附加值。2022年全市拥有规模农业产业化龙头企业达1 830家，中粮、光明、牧原、温氏等一批国内知名农业龙头企业以及先正达、中江、隆平高科等知名种业企业落户盐城，龙头带动效应初显。以特色粮油为代表，盐城建成了以射阳大米集团有限公司和江苏佳丰粮油工业有限公司为链主，以中粮米业、必新米业、喜登门、格丽思和千代香等为重点的全产业链品牌建设企业主体。

四是农业品牌建设有组织。盐城市成立农产品品牌培优提升工作领导小组，市农业农村局主要负责人任组长，局领导分别挂钩各地指导"1＋9"十大公用品牌建设，成立1个品牌营销协会和9个产业发展促进会，在全市范围内吸纳会员，协调县域间重点企业的联合发展，协同推动产业发展和品牌建设。市财政每年安排专项经费1 000万元用于农业品牌建设、宣传营销和展示展销，出台品牌创建奖补政策。① 制定统一宣传规划，签约专业团队，组织品牌策划，以"盐之有味——自然遗产地 盐城农产品"为总体品牌形象，拍摄专题宣传片、纪录片，在各类媒体持久投放。举办大米论坛、大闸蟹开捕节、草莓节、西瓜节等丰富多彩、形式多样的特色宣传活动。市委、市政府每年赴上海、南京等地举办招商推介会、名特优农产品展销会等活动。开通公众号、短视频、抖音店铺等，培养、锁定忠实粉丝和用户。

五是农业品牌建设有典型。盐城初步形成了农业品牌建设的"四大典型模式"：政府推动型模式，即整合规模产业打造区域农业新品牌，以响水10公里连片种植西兰花产业为代表；龙头企业主导型模式，即做强农业链主品牌，以协同推动农、林、牧、副、渔、盐、旅等一体化发展的银宝集团为代表；企业和协会联动型模式，即做大"区域公用品牌＋企业品牌"，以射阳大米为代表；政府和协会引领模式，即做好农

---

① 盐城市人民政府，https：//www. yancheng. gov. cn/art/2024/1/17/art_33925_4136350. html.

业品牌矩阵，以盐之有味＋六大特色产业区域公用品牌＋企业品牌为代表（见图9－1）。

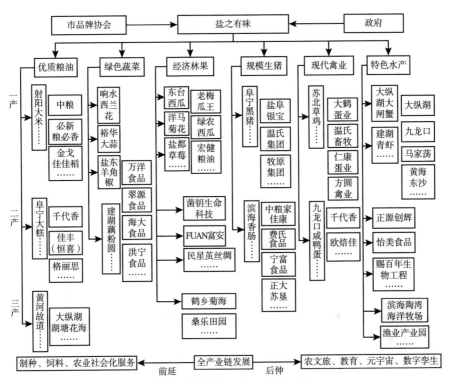

图9－1　盐城农业产业品牌矩阵示意

二、短板：盐城全产业链发展中的农业品牌建设问题

从产业结构看，2021年，在长三角27个城市中，盐城农业经济总量居首位，而农产品加工业产值仅居13位，全市农产品加工产值之比仅为2.44∶1，低于全国2.48∶1、全省2.78∶1的平均水平，① 一产品牌"待传开"，二产品牌"待叫响"，三产品牌"待立住"。从产业融合看，全市农产品品牌与其他产业融合发展程度不高，农业类企业主要从事收购、存储

―――――――――

① 江苏省农业农村厅，https：//nynct. jiangsu. gov. cn/art/2022/9/30/art_13276_10620254.html.

165

等产业链前道工序；工业企业主要从事来料加工等行业，缺乏与第一产业和第三产业的互动，产业链较短，与农业产业上的交集少，导致工业反哺农业的深度和广度较低；服务业企业特色打造不够鲜明，旅游业资源没有得到充分发挥，农旅融合作用发挥不够显著，"休闲盐城、旅游盐城"的金字招牌有待擦亮。从产权属性看，全市全产业链建设中东台西瓜、射阳大米、响水西兰花、九龙口大闸蟹、盐都草莓、阜宁黑猪、裕华大蒜、乾宝湖羊、滨海香肠等农产品区域公共品牌知名度较高，而下属企业和产品等私有品牌知名者少。从品牌推广看，由于农产品生产的低附加值和高宣传推广费用，多数农业企业虽有品牌，但并不积极主动提高品牌知名度，很少强调品牌内涵和服务体验，而对于准公共品性质的区域品牌，虽然政府制定统一宣传规划，签约专业团队，组织品牌策划，举办征文大赛、在高铁冠名、在重点销售城市全媒体宣传，举办大米论坛、大闸蟹开捕节、草莓节、西瓜节等丰富多彩、形式多样的特色宣传活动，深化品牌内涵、构建品牌文化，扩大品牌影响力。由于品牌农业发展时间不长，品牌口碑打造尚需时间积淀。从治理机制看，农业品牌治理维护打假难、打假贵，全市农产品区域公用品牌内部管理和外部侵权问题并存，2023 年 4 月射阳法院刚公布了一起未经授权使用"射阳大米"地理标志集体商标的侵权纠纷案件。

三、挑战：盐城农业全产业链品牌建设挑战

一是国内品牌农产品的跟进和替代效应挤压本市农产品品牌发展空间。由于农业生产的门槛低，国内同类农产品的跟进和替代，对盐城农产品品牌发展带来威胁。以西兰花产业为例，1990～2003 年国内西兰花主攻出口，2012 年开始内销比例逐步增大。浙江临海、河北沽源、江苏响水、湖北仙桃、湖南祁东等"中国西兰花之乡"均有西兰花规模种植，总面积超过 130 万亩且持续扩大，品牌竞争日益激烈。① 射阳大米产业发展也面临同样问题。二是自主知识产权少，挤压全产业链品牌发展效益。全市部分品牌农产品生产缺少自主知识产权，种子等原料资源供给主要依靠进

---

① 全国西兰花种植分布情况和品种汇总，附专家预测. 农兴菜价通.

口，品牌发展效益被严重挤压。以水稻、小麦为例，全市自主选育品种面积均不到总面积的 5%，远低于扬州、淮安等周边市自主品种覆盖率 50% 多的水平。① 三是部分产业缺环断链风险大，冲击品牌建设可持续性。全市部分知名农业企业的农产品供应和销售均不在本地，部分产品有品牌没产业，物流、疫情和消费政策冲击等突发事件加剧了全产业链品牌发展的断链风险，品牌可持续发展受到挑战。此外，盐城是周边多城市的主要农产品供应基地，其中全市年销往上海的农产品超过 300 亿元，占全市农产品产值的 1/4，约占上海市场鲜活农产品销售总量的 10%。② 供应集中一方面提高了品牌发展的规模效应，另一方面也提高了品牌农产品销售的市场风险。

四、机会：盐城农业全产业链品牌建设机遇

一是乡村振兴和农业强国建设政策导向鲜明，为农业全产业链品牌发展注入强大动力。作为乡村振兴的重要基础和前提，农业产业发展能够提高农民收益，推动产业兴旺目标的快速实现。盐城作为全国农业大市，盐城农业发展质态对全国农业发展影响深刻，建设农业品牌是提升农业全产业链发展质态和农业效益的重要手段。二是新发展格局加快构建，市场驱动更加明显。新发展格局下国内超大规模市场优势不断显现，盐城农业发展面向上海等长三角发达地区超级大市场，农业多种功能、乡村多元价值开发带动新消费需求，为推进农业农村现代化和农业全产业链品牌发展拓展广阔空间。三是消费升级和电子商务快速扩面，盐城全产业链品牌发展空间持续扩大。贸易全球化和消费升级驱动下，消费者对优质、健康、生态农产品偏好更加突出，中高端、多元化、个性化农产品消费需求快速增长，长三角经济活跃消费力强、盐城环境秀美农业基础好、电商物流全球通达，这些为盐城市农业全产业链品牌发展拓展空间。四是大食物观和预制菜风口，农业全产业链品牌建设有潜力。盐城水网密布又临海，水产品资源丰富，大食物观下水产品品牌发展潜力大。同时受新一代饮食消费习惯变迁影响，预制菜市场规模庞大，为预制菜品牌企业发展注入活力。

---

① 盐城市农业农村局调研报告.
② 中国江苏网，https：//jsnews. jschina. com. cn/yc/a/201912/t20191231_2451937. shtml.

第二节 农业品牌建设引领农业产业发展的经验启示

一、经验借鉴

（一）政府主导型农业品牌建设——"山东模式"

围绕农业全产业链高质量发展，农业第一大省山东不断延伸全产业链条，持续推进农产品知名品牌建设，探索形成的"诸城模式""潍坊模式""寿光模式"，享誉全国，烟台栖霞苹果、章丘大葱、威海刺参、乐陵小枣、乳山牡蛎等一大批质量上佳、口碑过硬的"土特产"叫响全国，鲁花花生油、德州扒鸡、金锣火腿肠等品牌产品畅销各地。主要经验有：一是强化顶层设计，打出"好客山东·好品山东"品牌体系建设任务，由某一产业、某一领域，扩展至农业、工业、服务业、建筑业等全产业链领域，构建产品、企业、行业、区域、地理标志"4+1"品牌体系；二是引导市场主体积极参与，启动企业以自我声明方式纳入"好品山东"体系工作，建立"好品山东"自我声明机制，实现"好品山东"工作常态化管理；三是大力提升品牌知名度，大力宣讲山东品牌故事，传播山东品牌文化，增强消费者对"好客山东好品山东"的品牌认同，在各类博览会、展览会、推介会上积极设置"好品山东"专区。

（二）协会主导型——"松阪牛"品牌引领模式

松阪牛是日本三大和牛之一，是日本和牛中最高级、最昂贵的品牌。协会组织从全国引入血统纯正的12月龄牛犊，在松阪市规定的周边22个町村饲养3年，以大麦和豆类等混合饲料，经过规范养殖过程，经过32至36个月育肥、全程监控和管理、严格的检疫和肉质评级。主要经验：一是讲好品牌故事，在品牌打造中，松阪牛被赋予了"身份高贵说""养殖考究说"和"松阪牛神灵说"等不同的品牌故事；二是重视品牌运营，制定了品牌培育创建、营销推广和维护保障等规范措施，每年举办多种多样的展览会、品鉴会以推广品牌牛；三是狠抓质量管理，消除信息不对称，每头松阪牛都有身份认证，并且要录入个体识别管理系统，经过全程监控和管理，拥有一套完善的质量、身份、养殖等可追溯体系。通过品牌打造，产业跟进，松阪牛品牌享誉世界。

（三）龙头企业主导型——飞鹤乳业集团模式

飞鹤乳业从 2005 年开始筹建自己的牧场，陆续建设了 9 个万亩农场，农业总种植面积达 30 万亩，有 8 个专属牧场存栏量近 6 万头。① 飞鹤集团围绕产业集群构建起"牧场 + 合作社 + 农户"的现代化农业模式。主要经验：一是筑牢相关主体利益联结机制，农户在将土地租给合作社之后，可以选择到飞鹤自有牧场工作，通过这种方式，飞鹤得以以更专业化的方式管理自有牧场，严控原奶品质，同时也拉动当地农业发展，为农民增收致富提供了更多途径；二是全产业链品牌质量管理模式，全产业链建设保证了牛奶的高品质，在上游保证了饲草质量和营养健康，在中游加强研发投入、工艺改进以及安全生产的检测与管理，在下游大力构建智能化、大数据化的渠道模式和互联网精准营销，并结合"规模化生物天然气与有机肥循环综合利用项目"，实现以畜禽粪污和玉米秸秆为原料，通过高浓度厌氧发酵，制取生物天然气和有机肥；三是根据品牌产品生命周期，把握营销节奏和宣传重点，以"更适合中国宝宝体质"的奶粉定位，立足微博、微信、抖音、直播平台、电视剧、综艺、电影等媒体平台，月月有爆点，IP 打造长线运营，线上线下，赋能终端，提高流量转化。

二、发展启示

（一）推动农业产业发展要实现全链品牌建设要素整合

以品牌建设推动农业全产业链发展要打通品牌建设要素，通过"质量 + 标准 + 科技 + 环境 + 创新""文化 + 市场 + 营销 + 政策"硬实力与软包装的双轮驱动实现全链农业品牌塑造。为了保障农产品质量，盐城既要增加生态环境建设和宣传，还要仿照工业化生产规范贯穿农产品生产、运输和销售的全链条主体行为，加大与科研院所合作，借助科技创新实现全

---

① 陈思廷，彭克. 飞鹤：从孤独的产业建设者，到国产奶粉的领头羊［J］. 销售与市场（营销版），2019（12）：52 - 61.

产业链品牌塑造的标准化流程。立足长三角及周边市场需求开展精准营销，讲好有"盐"色的品牌故事。此外还要加大对农业知识产权、商标权等的保护，防止假冒伪劣以及本土品种或研发新品种外流，支持相关协会、龙头企业、合作社等主体进行农业品牌打造，加大农业品牌建设的资金、技术和人才扶持力度。

（二）推动农业全产业链发展要实现品牌利益主体协同

盐城农业品牌建设和管理涉及全市多级政府部门、协会、企业和农户等，要推动农业全产业链一体化发展，须通过正式制度和完善的管理体制机制加快多元主体协同，以"政府＋协会＋链主企业＋核心企业＋合作社（农户）"的形式实现农业品牌建设主体互动格局，通过做好链上企业利益管理，形成发展合力。一要加大营销协同，形成推广合力。市级层面主推"盐之有味"区域公用品牌和六大特色全产业链品牌，县镇级层面主抓链主企业和产品品牌，"区域公共品牌＋企业产品品牌""伞品牌＋子品牌"联合宣传，把握营销节奏。二要加强主体协同，推进利益联结。统筹政府、协会企业、农户等相关利益主体，强化利益联结机制建设。三要加强制度协同，完善支撑保障。建立农业品牌打造的相关标准化流程和信息追溯体系，健全品牌农产品的运营管理和维护制度。

（三）农业全产业链品牌发展要实现主体—要素良性循环

农业全产业链品牌建设在整合要素、盘活主体的同时，还要实现建设过程中"主体—要素"的良性互动（见图9-2）。

1. 初创期

建设主体围绕农产品好吃、安全的质量建设目标，从生态环境、标准体系和科技三个维度持续发力，选育优良品种、选择好的生产方式并涵养生态，以此把控品质和维持可持续发展。

2. 发展期

基于收回质量建设投资成本、扩大销售半径和打开市场的需要，依托行业协会或政府扶持，通过挖掘基础性要素建设中的"记忆点"，赋予农业品牌相应的文化内涵，并以市场需求为导向扩大规模、开展宣传推广活动。

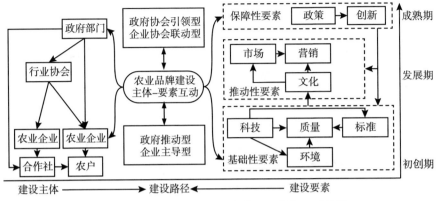

图 9 - 2　农业品牌建设的"主体—要素"互动逻辑

3. 成熟期

受品牌溢价驱使，农产品生产的跟进模仿者逐渐增多，农业品牌假冒伪劣、以次充好现象涌现。为了保持品牌力和满足消费者偏好，成立行业协会、研发新品种、探索新模式成为农业品牌建设主体维持发展活力、提升产品质量、规范品牌参与主体行为和增加新"卖点"的重要举措。而为了保护创新成果、扶持弱质性农业发展，有力的品牌维护扶持政策和法律规章制度不可或缺。

第三节　盐城引领农业产业发展的
品牌建设思路和路径

一、盐城引领农业产业发展的品牌建设思路与目标

（一）总体思路

深入贯彻落实习近平新时代中国特色社会主义思想，践行新发展理念，全面落实乡村振兴战略的决策部署，坚持品质与效益相结合、特色与标准相结合、传承与创新相结合、市场主导与政府推动相结合的原则，坚持政府、协会和企业"三位一体"，区域公用品牌、农业企业品牌和产品品牌"三牌共创"，生态化、价值化、标准化、产业化、资本化"五化融

合"，质量、科技、标准、环境、市场、营销、文化、创新和政策"九向发力"，强化顶层设计，优化体制机制，构建形成适合盐城发展、具有盐城特色的引领农业产业发展的农业品牌建设体系，努力为全国基本实现农业农村现代化和农业全产业链建设提供"盐城样本""盐城经验"。

（二）主要目标

通过引领农业产业发展的品牌建设，全面构建与农业现代化和全产业链发展相适应的农业品牌建设体系，全面形成农业品牌建设梯队结构合理、特色农业品牌持续涌现、优势农业品牌竞争力强的农业品牌发展格局。具体可以分为两个阶段：一是到"十四五"末，全市农业品牌化水平显著提高，品牌农产品国内外市场占有率、消费者信任度、溢价能力明显提升，中高端农产品供给能力明显提高，品牌带动产业发展和农业效益提升作用明显增强，在全国农业大市中农业品牌主要指标排名全面前移；二是到 2030 年，全市农业强势品牌梯队全面建立，规模化生产、集约化经营、多元化营销的现代农业品牌发展格局全面形成，一批具有品牌世界影响力、辐射带动范围广、国际市场竞争力强、文化底蕴深厚的农业品牌产生，成为实现江苏农业现代化强省目标的重要推动力。

二、盐城引领农业产业发展的品牌建设路径

由于农业及农产品不同于一般工业和消费品的产品标准化程度高、生产稳定性强等特点，农业品牌的打造相较于工业品品牌的建设更复杂、影响因素更多、内涵更丰富、要求更多样化、产品质量更难以把控、保障条件更高。因此，全产业链建设阶段，农业品牌的打造要统筹市县镇，以科技创新提升品牌核心价值，以人才培养提升品牌发展实力，以产业融合提升品牌规模，以运行管理提升全产业链品牌整合力度。

（一）以农业品牌建设＋科技创新，提升品牌核心价值

围绕大幅提升农产品品质这一品牌基础展开，通过科技创新和产业化等手段，实现农业生产的生态化、标准化，以一流品质树立一流品牌，以科技创新夯实农产品品牌的品质基础。第一，科技嵌入水产养殖等高附加

值农业全产业链提升产品生态价值。当前全市及全省河蟹市场竞争激烈，推进标准化池塘建设、生态养殖、全程冷链及智慧监管系统等建设，以科技手段增加品牌卖点。第二，降低质量信息不对称。通过科技手段实现身份认证、信息追溯。第三，增加"技术特点—技术优势—利益效用—科技证明"宣传。在淡水水产养殖品种同质化、渔药滥用问题普遍存在的背景下，以科技创新保障水产品质量，并让消费者知晓提升品牌核心价值。

（二）以农业品牌建设＋人才培养，提升品牌发展实力

培养一批懂农业品牌特征与规律、会运营与管理农业品牌的专业品牌经营与管理人才，以品牌人才提升农业品牌运营的水平和品牌价值。第一，吸纳农业技术型人才提升品牌硬实力。立足特色林果等产业规模小和技术含量低的农业产业，吸纳农业技术型人才联合攻关，提升品牌科技含量。第二，吸纳管理型人才提升品牌软实力。立足规模粮油、特色水产等产业规模大、分散性强的农业产业吸纳管理型人才提升品牌软实力。第三，增加产业链上品牌建设人才交流互通。立足全市工商业和农业，推进品牌建设人才向农业领域流通。

（三）以农业品牌建设＋产业融合，提升农业企业品牌规模及价值

培育、扶持和提升一批具有优势品牌基础，最终形成强大市场影响力和带动作用的品牌＋企业＋农户的农业龙头企业，以龙头企业推动一二三产业融合，扩大品牌规模和影响力。第一，遴选桑蚕等产业链条长的产业链链主企业。以桑蚕产业链品牌打造为例，富安茧丝绸处于全产业链核心节点，上游联结蚕茧养殖类农民专业合作社，下游联结印染和服装加工企业，具有较强的产业链整合能力。第二，前伸后延增加产业融合业态。以桑蚕产业链为例，后向打通桑果采摘，推进"养殖＋采摘休闲农业"，中游推进与桑制品加工、蚕茧食品等相关企业的联合，前向联结布匹、服装等制衣企业，通过产业融合扩大全产业链规模效益。第三，联合宣传提升产业链品牌影响力和知名度。

（四）以农业品牌建设＋运行管理，提升全产业链品牌整合力度

提高行业协会等组织的品牌经营管理能力，大幅提升区域公用品牌的

打造、管理与运营水平，改变部分地区区域公用品牌重申报轻后期管理的问题；强化农业品牌和品质的监管与知识产权保护力度，为农业品牌建设提供良好的法治环境。第一，整合大米等完全竞争性产业链上品牌。由于完全竞争，产品附加值不够高，品牌建设分散。盐城有射阳大米、建湖大米、阜宁大米等多个区域公用品牌，其中射阳大米品牌价值最大，市级层面成立大米协会，遴选链主企业。第二，规范产业链上企业经营管理行为。以射阳大米品牌为标杆，建设射阳大米生产标准体系、包装标准体系等相关管理规程，对其他地区按照射阳大米标准生产的统一启用射阳大米品牌，子品牌按照当前地区品牌价值排序，如射阳大米—射阳、射阳大米—建湖等，以运行管理推进全产业链品牌发展。第三，积极推介产品，推进品牌保护和价值提升。

第四节　盐城引领农业产业发展的品牌建设政策建议与创新举措

一、"项目 + 资金" 提升农业全产业链品牌发展质效

（一）集中项目拓展全产业链发展的品牌规模

以射阳大米为突破口，遴选 1 ～ 2 个市级全产业链链主企业，通过政企合作，围绕射阳大米全产业链发展，由政府在全市范围内扶持稻种繁育、水稻种植、大米加工、大米包装、仓储物流和稻米主题农旅融合产业项目，由链主企业带动、指导和规范产业链上相关主体行为，融合一二三产业，统一品牌销售。通过"链主企业 + 核心企业 + 示范基地 + 技术推广 + 农户参与"的经营模式，筑牢利益机制，集中项目拓展全产业链发展的品牌规模效益，实现工厂化种养、流水线作业、集约型管理、综合化服务。

（二）集中资金加大全产业链发展的品牌推介

在市县镇接力推进的基础上，统筹整合财政涉农资金，通过实施品牌培优提升行动，选择优势产业、特色品牌，列为市、县重点建设公用品牌，集团作战，集中推进，重点突破。依托专业团队，基于"1 + 9 + N"

品牌，发掘流量爆点。引入农业品牌传播话题，不断跟进，争取品牌推广过程中推一个成一个。

二、"两品"联动夯实农业品牌发展底蕴

（一）选育适销对路品种，形成品牌发展高地

品牌的核心是品质，品质是品牌的生命线。有好的品种才能有好的品质，因此要加大优良品种选育，形成品牌发展高地。一是加大与科研院所合作，发挥好高校和科研机构的技术优势，引进实验室优良品种。二是加大市场调研，了解消费者动态变化的农产品消费需求偏好，根据市场需求引进、筛选和改进符合市场偏好的农产品种质资源。三是优选特级不以出售为目的的"非卖品"，以顶级产品造势，靠中高端产品走量，以高价高质提升品牌高端形象定位。

（二）推广全产业链标准建设，提升农业产品品质

质量是品牌的基础，着力打造江苏农业全流程、现代化标准体系。一要推进生产过程的标准化。鼓励龙头企业、行业协会分别制定企业标准、行业标准，大力宣标、贯标，引导生产经营主体严格对照标准组织生产，全力保障品牌农产品的优良品质。要改变全市农业生产过程标准化工作主要集中于农田稻麦、鱼池水产和畜禽养殖方面的格局，扩大标准化建设涉及的农产品种类。二要推动物流的标准化，包括产品分级包装标准化、装卸和运输过程的规范化等，以盐城农副产品物流园区为抓手，确保农产品从出厂到包装、仓储、运输全流程高效规范。三要加快质量管理的标准化，学习借鉴松阪牛质量分级体系，建立完善的高附加值农产品分级分类标准和质量安全追溯体系等。

（三）品种品质联动，提升仓储加工能力

农产品生产中种植品种是基础，加工品质是保证，农产品推广中服务品牌打造是关键。按照"增品种、提品质、创品牌"思路，一是从生产环节做好品种品质联动，增创优品，以"品种+品质"注册区域农产品知名品牌，并开展市场宣传推广，提高区域优良农产品市场区分度和影响力。

二是从仓储、加工环节做好品种品质联动，完善加工流程，加大仓储物流建设，保障全市知名度较高的 9 个规模化农业产业都有配套物流仓储中心和加工链条。一方面要提升农产品加工能力和加工工艺，使用高性能加工设备，降低加工环节质量损失；另一方面要建设充足的冷库等冷链硬件设施，并对落后设施进行维护更新，充分考虑盐城的交通、区位情况，做好冷链物流整体规划，加快形成农产品物流指标评价体系，降低农产品仓储运输成本，提高农产品仓储保鲜技术。

三、"两化"融合扩大农业全产业链品牌影响力

（一）农业集群化，培育集群内龙头企业

一是在区域公用品牌基础上，推动区域农业企业集群化发展，在集群内培育龙头，一方面通过大企业的示范带动效应，提高品牌农产品标准化和研发技术增值；另一方面通过提高区域农业企业集群与电商物流的共生发展，提高品牌农产品辐射范围，扩大品牌农产品影响力和知名度。二是围绕农业产业集群，强力推进现代农业园、农产品加工集中区、农村一二三产业融合发展先导区等各种园区建设，同时加快有效整合，发挥好集群内企业的互补、叠加和放大效应。

（二）农业产业化，创新农业产业融合业态

一是积极发展地理标志、绿色和有机农产品，挖掘特色农产品资源，推行"一县一业""一品一牌"。通过特色农产品产业的"接二连三"，实现特色农产品生产、加工、销售、服务等纵向产业链上的协同发展，不同业态上的横向交叉链共生发展，增加特色农产品相关主体的收入。二是以技术渗透、制度创新为产业融合动力，以利益共享为纽带，通过产业联动、产业集聚，带动资源、技术、要素、市场需求的整合集成和优化重组，提高品牌农产品附加值，进而达到特色农产品产业链和价值链延伸、特色农产品产业功能扩展的目的，最终形成新技术、新业态和新商业模式，实现农民增收、农业增效和农村繁荣。三是积极推广农业内部融合的种养结合模式，以及"农业＋旅游""农业＋教育""农业＋互联网""农业＋工业"等相关产业深度融合，拉长产业链条。

四、"数据＋营销"瞄准农业品牌建设市场

（一）挖掘特色资源，提升品牌故事传播度

坚持因地制宜，充分利用盐城农业基础好、文脉传承广等优势，走出一条符合江苏实际、盐城农情的农业品牌发展特色之路。一要挖掘产地特色，包括"新马泰"红色资源、历史故事、生态湿地保护区、人文景观等，为农产品赋予丰富的人文内涵。二要突出产品特色，包括营养、绿色、口感、外观等。如东台爆炸瓜，响水西兰花十里连片花球圆紧、蕾粒均匀。三要融入个性和技术特色，包括生产加工过程、现代化技术应用等（如阜宁黑猪、乾宝湖羊保护本土物种），发扬民族品牌。四要探索特色发展模式，例如农产品连锁经营模式（如百果园）、特许加盟模式（如雨润专卖）和专业化经营模式（如三只松鼠坚果），在"特"色中塑造品牌内涵、提升品牌形象。

（二）拓展营销组合，提高品牌消费黏性

一是持续不断地宣传推介品牌。借助电视、流量直播平台、热门景点、车站、主流超市、农产品博览会、展销会等渠道，在小红书、微博、知乎、头条等头部媒体推送品牌软文和广告，策划消费者参与的转发、抽奖、评奖活动，开展节日庆典、"云上助农购物节""特惠助农周"等线上线下营销促销广告活动，增加品牌曝光。二是加强"盐之有味"区域公用品牌运营管理，在线上线下建立统一包装、统一标准的实体店和网店，统一"盐之有味"品牌形象，让其品牌形象更加深入人心。三是疏通流通渠道网络。推动大闸蟹、西兰花等集中产地批发市场建设，畅通产销流通。在高铁站、机场等重点场所，上海、南京、杭州等重点城市，建设盐城农产品土特产馆、品牌农产品直营直销店、小区智慧零售点，建立营销网络。加强网上渠道，开设"盐之有味"京东中国特产助农馆、盐城馆线上平台，建设电子商务平台、电商直播基地。

（三）应用数据技术，增加营销资金转化率

一是开展消费者市场和消费渠道细分，形成"产品层次—渠道层次—

价格层次—包装层次（营销手段）"配套化，结合大数据技术，跟踪营销资源投入的渗透转化效果。二是借助专业连锁店和京东特色馆等线上线下渠道，大力推进盐城市品牌农产品质量安全追溯平台建设，强化品牌农产品议价能力。三是借助"一带一路"发展机遇，大力实施盐城名牌农产品国际市场拓展工程，借助数字支付手段，根据盐城特色农产品销售流向、销售地区的消费习惯和风土人情，策划品牌推广方案，提高营销针对性和资金使用效果。

五、"三管"齐下奠定农业品牌发展基石

（一）完善组织条例，品牌企业管理规范化

一是农业品牌企业人才管理规范化。加大农业引智力度，实施农业领军型人才创新创业扶持计划和农业领军企业招商引资，加强与农业科研院所、高校合作，形成农业科技创新高地。二是农业品牌企业分类管理规范化。做大做强生产技术型、专业经营型和社会服务型品牌农业企业，为农业品牌建设发展培养后继力量。三是加强农业品牌企业内部管理和联农带农能力提升。一方面约束个别农业品牌企业以次充好和"搭便车"等机会主义行为，另一方面要通过强化"企业＋合作社（农户）"的利益联结机制，提升企业联农带农能力，防范合作社（农户）道德风险行为。立足盐城资源禀赋和产业基础，充分发挥标准化的基础保障、技术引领、信誉保证作用，突出区域农产品的差异化优势，以特色塑造品牌的独特性，以标准确保品牌的稳定性。

（二）制定行业规章，品牌协会管理赋能化

一是按照产业为基础、以品牌为纽带、以政府购买服务为手段的思路，组建覆盖全市实质运营的行业协会和品牌协会，切实发挥好农业行业协会对区域农业品牌创建、维护、营销和人员培训的建设性作用。二是规范农业品牌和行业协会管理规章制度，提升农业行业协会独立性和权威性，在法律规范和框架体系内，发挥行业组织的作用，强化农业企业主体地位，弘扬企业家精神，激发其品牌创造活力和发展动能，为农业品牌协会发展赋能。

（三）建立制度体系，品牌政府治理常态化

一是深入推进土壤、水质等全面环境改良工程，打造"绿水良田、生态盐城"的区域农业发展形象。以国家农业可持续发展试验区为抓手，大力削减化肥、农药、兽药、渔药施用量，资源化利用畜禽粪污、秸秆、农膜等农业废弃物，积极推行绿色生产方式，强化品牌农业"绿色印象"。二是建立农业品牌建设和环境保护的良性互馈机制，实现农业品牌和区域形象的可持续发展。从产地环境、生产过程、产品质量全流程监控，对已认定的品牌农产品开展动态监管，基本实现产品"带证上网、带码上线、带码上市"，实现"从田头到餐桌"全程可视化，建立区域农业公用品牌准入退出机制。三是完善农业品牌信用分类管理，开展盐城农产品"创牌立信"，强化品牌主体自律意识，加大对农业品牌假冒伪劣等违法行为的问责处罚力度。四是建立健全农业品牌监管机制。要加强执法监管，严守质量安全底线。

第十章　盐城市农业全产业链下的
利益联结机制研究

　　2021 年《农业农村部关于加快农业全产业链培育发展的指导意见》中重点强调，以完善利益联结机制为纽带，打造一批创新能力强、产业链条全、绿色底色足、安全可控制、联农带农紧的农业全产业链。随着我国农业全产业链的逐步完善和农业现代化的深入推进，农业全产业链利益联结机制的建立与优化成为推动农业发展、增强农村经济活力的关键环节。本书重点探讨如何更好地加强和完善农业全产业链利益联结机制，为盐城的农业现代化和乡村全面振兴提供有益的理论和实践参考。本章主要包含以下四个部分：第一，对盐城典型农业全产业链利益联结机制及其运行问题进行深度分析，揭示农业全产业链利益联结机制的内涵，概述盐城典型农业全产业链的利益联结机制，挖掘并阐述其存在的问题以及成因；第二，归纳总结农业全产业链利益联结机制建设的成功经验，并从多个案例中抽取启示，为盐城市农业全产业链利益联结机制建设提供借鉴和参考；第三，提出加强盐城农业全产业链利益联结机制建设的实施方案，全面分析不同农业全产业链利益联结的关键问题，并设计相应的机制及其建设的主要任务，通过有效的措施，推动农业全产业链的健康有序发展；第四，提出一系列强化盐城农业全产业链利益联结机制建设的保障措施，包括组织领导、合作平台的搭建、经验的宣传和分享、严格的评估考核以及资金的支持等方面，从而为盐城市农业全产业链利益联结机制建设提供全方位的保障。

第一节　盐城典型农业全产业链利益
联结机制及运行问题分析

一、盐城典型农业全产业链利益联结机制概述

（一）"种养主体＋企业"利益联结机制

1. 机制下的产业链主体关系及合作方式

"种养主体＋企业"的利益联结机制背后一般是订单农业的合作方式，即在农业生产前，农户、家庭农场、种养大户等与加工、零售类龙头企业订立购销合同，约定交售产品的质量、数量、时限、价格（有固定价格和"保底＋浮动"价格两种）以及龙头企业承诺的服务内容等事项。种养主体根据合同约定组织生产，企业或合作社按合同约定收购农产品。此外，近年来逐渐出现部分大型加工或零售企业自建农产品生产基地并聘请当地农民为其主要员工的合作方式。该机制最大的优点是为种养主体提供了农产品销售途径和保护价格，降低了经营风险，同时通过产销有效对接，促进农企互利共赢，这也是盐城农业发展进程中应用最长久、最广泛的利益联结机制。

2. 机制下的利益分配方法

"种养主体＋企业"的利益联结机制下，利益分配较简单，订单农业的合作方式就是企业以固定或浮动价格购买种养主体的农产品，承担市场风险进而独享产业链收益；聘请员工的合作方式则会发放工资薪金，农民职工获得可观、稳定的工资收入。

3. 机制在盐城的应用案例

江苏乾宝牧业有限公司是盐城亭湖区的一家集湖羊养殖、饲料、有机肥、食品、旅游、餐饮、农业科技等多种业态为一体，以湖羊产业为中心的全产业链综合体企业。该企业以一种特别的"羊去羊回"模式与农户合作，很好地发挥了"种养主体＋企业"利益联结机制的合作共赢效用。

该企业在产业链的上游，即在饲料端采用现金一次性采购玉米秸秆，

降低了原材料的采购成本。在养殖端，与周边养殖户合作，为养殖户全方位提供种羊、养殖技术指导以及饲料等，并制定养殖企业标准；当种羊养大后乾宝牧业公司进行回收并支付养殖户薪水，即"羊去羊回"模式。在二产加工上面，选择跟有资质的、有生产规模的，并且能生产出小众高端产品——羊肉的深加工产品的企业进行合作。这样的合作方式及利益联结机制为乾宝牧业的品控提供了有力保障，也为产业链"造血"，实现精准扶贫。

（二）"种养主体 + 中介组织 + 企业"利益联结机制

1. 机制下的产业链主体关系及合作方式

为提升农户、家庭农场等小规模种养主体的组织化程度，降低交易成本，"种养主体 + 中介组织 + 企业"的利益联结机制在盐城许多农业全产业链上流行。由于中介组织的不同，该机制背后的产业链主体合作方式主要可分为两类。第一，"种养主体 + 合作社 + 企业"。通常由种养主体自发成立专业合作社，由合作社代表小农户等种养主体与大型农业企业交易谈判；或者由农业企业下设建立专业合作社，小农户等主体自愿入社，农业企业提供种苗、饲料、技术支持等，并制订收购标准，实现统一配种，统一施肥，统一种养等。第二，"种养主体 + 村集体 + 企业"。该方式背后主要是政府出于扶持农业全产业链发展需要，由有经验的村组干部或聘请专业大户、种田能手发展集体农场或土地股份合作社，按市场价格流转农户土地经营权，在保障农民土地流转金的前提下，增加村级积累或对农民进行二次分配。

2. 机制下的利益分配方法

此机制下联结的利益主体众多，因此利益分配相对复杂，包括首次和二次分配。初次分配过程中，合作社或村集体等中介组织出租、出售农户等种养主体的集体资源、集体产品获取收入，并按贡献分配。土地租金或入股企业分红等收益的再次分配过程则有两个核心问题需要解决，一是合作社或村集体留存收益比例问题，留存比例高，有助于壮大集体经济，为组织后续发展及公共基础设施建设提供内生动力，但可能造成村民满足感、认可度低下的不利局面；二是收益在全体村民或社民中的分配逻辑如何兼顾效率与公平，这需要认真思考。

3. 机制在盐城的应用案例

江苏海大食品有限公司是农业产业化省级重点龙头企业，2018年6月成立了滨海县海大四青蔬菜产业联合体，是应用"种养主体＋中介组织＋企业"利益联结机制的典型主体，到2022年4月，成员已发展为3家合作社及46个种植大户。[①] 在联合体中，公司制订种植计划，统一采购种子、农药、化肥，提供统一育苗、统一栽培技术服务，以及统一加工、销售等，合作社按照企业要求组织农户开展蔬菜种植，种植大户则按照企业的质量要求组织人力、物力、土地资源等进行生产。

同时，联合体实行"订单种植＋固定价或保护价收购＋二次溢价返还"的利益共享机制，在订单种植、固定价或保护价收购基础上，当企业利益达到一定指标或市场价格与合同价格达到一定幅度后，经成员大会商定，联合体内部成员可享受二次溢价返还，这让种植大户在基本产量固定价收购收益之外获得当期市场收益。在风险分担方面，当自然灾害导致成员单位的农产品减产后，秘书处协调适当调整收购价格，让在联合体中处于较弱势地位的种植户得到基本利益保障。这极大增加了他们的合作意愿和守约率，使得联合体得以不断壮大。

（三）"股份合作型"利益联结机制

1. 机制下的产业链主体关系及合作方式

股份合作模式主要是指农户或集体、各类新型农业经营主体以土地经营权、农机具、资金、技术、劳动力等要素入股组建股份制合作社或股份制农业企业，参与或监督企业的经营管理获得经营收益的合作形式；或是龙头企业以资金、技术等要素入股农民专业合作社，组成完整生产经营要素链，农民有机会分享到加工和流通环节的利润。

从调研的情况来看，盐城股份制合作型利益联结机制主要有三种常见的实践形式。第一种是土地入股合作。土地股份合作是指主要成员以承包或经营的土地折价入股，由于不能只依靠土地进行生产经营活动，这就使得资金入股与土地入股混合进行，其中土地多以所在地区流转市场价格进

[①] 盐城市农业农村局，https：//snw. yancheng. gov. cn/art/2022/4/29/art _24595 _3846585. html.

行折价入股，资金则一般只来源于少数核心成员。第二种是农机入股合作。农机入股合作中带机入社、入企的比例远高于资金入股，是当前盐城较为普遍的情况。因此，在其内部，农机手的农机与合作社或企业农机并存使用，在作业量的计算上，根据农民入社时是否带机，其收入分别以作业量和工资的形式结算。第三种是农村社区入股合作。农村社区股份合作社一般是农村集体净资产量化到成员之后形成的合作经济组织，它与当前推进的农村集体产权制度改革紧密结合在一起。国家正在有序推进经营性资产股份合作制改革，促进农村社区股份合作社的构建，将经营性资产以股份或份额形式量化到成员。

2. 机制下的利益分配方法

该利益联结机制的利益分配方法可分为"按股分红""固定分红"与"按股分红＋固定分红"几种。"按股分红"收益分配方式下，入股的所有利益主体均按照资金、资产折股量化后的股权比例进行当年实际盈利收益的分配，这种股利分配方式近似于股份制企业的分红方式，投资主体、农民、村集体的收益与风险成正比，主张均等共担的分配思维。"固定分红"利益分配方式是承诺在一定周期内，给予农民股东一定金额或一定比例的盈余分配，"保底对象"针对以农地、宅基地或农房入股的农民股东。鉴于农民的风险承受能力偏弱，"固定分红"模式看似更注重农民的利益保护，实质上却是为了弥补企业经营管理过程中的信息不对称，提高农民的抗风险能力，从而激发农民入股、参与经营管理的主动性和积极性。"固定分红＋按股分红"是结合以上两者股利分配方式构建的新型分配模式，在降低"固定分红"的金额或比例的基础上，增加"按股分红"的分配方法，既能够降低农民股东面临的市场风险，同时也能兼顾其他分配主体的公平诉求，分担利益相关者的各类风险，共享收益。

上述收益分配方式较为注重农民的权益保护，将供应链、价值链、产业链上的分散主体凝聚成利益共同体，兼顾公平与效率，是一种相对科学的分配方式，但还缺乏稳定的制度保障，真正实施存在一定的困难。

3. 机制在盐城的应用案例

盐城东台富安镇是著名的蚕桑产业强镇，其孕育出国家重点龙头企业——江苏富安茧丝绸股份有限公司。依托该企业，下设东台市富安蚕业专业合作社，鼓励蚕农以桑园或技术自愿入社，探索形成"公司+蚕业合作社+基地+农户"的运行模式以及企业利润二次分配、蚕用物资三次奖补的新型利益联结机制，在蚕农和龙头企业之间架起了一座"心连心、心相通"的桥梁，走出了一条茧丝绸全产业链发展成功之路。

蚕桑业的特殊性在于养蚕更适合一家一户养殖，即丝绸加工企业的原料均来自当地的农户，对农户的依赖性很强。为保证原料来源的稳定与高质量，企业必须与蚕农形成了稳定的、密切的利益机制联结。此种情况下，富安茧丝绸股份有限公司促成东台市富安蚕业专业合作社成立，一方面，鼓励蚕农以桑园或技术自愿入社，按照订单合同和龙头企业的要求，生产交售优质蚕茧，龙头企业对合作社成员交售的优质蚕茧采取"优惠价+保护价"的政策进行收购；另一方面，根据利益共享和优先反哺蚕桑生产的原则，年终再从龙头企业收烘和加工出口利润中拿出三分之一，分季凭票对合作社社员进行"二次分配"，真正与广大农民联利连心。同时对蚕业基地规模大户、科技示范户等进行蚕用物资三次奖补。1998年以来，合作社已累计向成员兑现二次分配款1.5多亿元，其中2005年、2006年两年的二次分配金额就高达1 500万元。①

合理的利益联结机制有力地帮助企业、合作社与蚕农紧密合作，建立茧丝绸产业化利益联合体，实现以桑养蚕、以桑养人和以丝富民相结合的蚕桑、茧丝绸加工及桑旅一二三产业融合发展，促进茧丝绸产业的提质增效和广大蚕农的持续增收致富。

二、盐城农业全产业链利益联结机制运行存在的问题

（一）利益联结关系不够紧密，毁约率较高

调查发现，当前盐城农业全产业链中的农业生产经营、资产运营及公共产品供给，仍以直接的要素租赁、产品购销关系为主要利益联结方式。尽管大多数情况下，以农企为代表的农业全产业链上下游主体之间存在产品交易的内在需求，即盐城很多地区出现了"农户+加工公司""农户+

---

① 崔成慧，杨蓉蓉，朱冬桥. 拉长"一根丝""织"富一方民——记东台市富安蚕业专业合作社 [J]. 中国农民合作社，2022（12）：62–63.

电商公司""农户 + 合作社 + 企业"以及各类政府主导型利益联结机制，但由于农业生产经营风险大、农民组织化标准化程度低、合同规范和监管不到位等因素的存在，产业链上下游主体之间的交易具有一定的不稳定性，紧密型利益联结机制尚未成为主流。

首先，依据市场原则，工商企业更愿意通过一次性买断式向上游合作农户主体支付要素或产品的费用，此时风险由企业承担，增值利润也被企业获取。若没有较大的利益驱动，企业很难有动力实施股份合作的联结方式。即使工商企业愿意与农民建立紧密的股份合作关系，也需要双方收益共享、风险共担，但是不论是农民还是企业，对分担风险的态度都比较消极，由此导致利益联结机制松散。课题组调查的以技术、土地、劳动力等入股形成利益联结的案例均存在一定实施问题，效果不佳。其次，受自身生产、加工、研发等条件限制，盐城涉农的绝大多数企业产业链条较短，抵御风险能力和带动能力、市场影响力不强，限制了其联农带农的深入程度，且企业自身生存状况的不稳定也让利益联结面临很大的不确定性。最后，松散的利益联结机制对产业链合作主体的约束力较差，造成较高的毁约率。课题组调研过的某肉食加工企业负责人介绍，虽然他们采用"公司 + 合作社 + 农户"的方式与养殖合作社和养殖大户签了收购合同，但农户偶尔也会将猪高价卖给其他商贩，对此，公司并没有监管和制约办法，只能靠人情和预判来维系。

（二）利益分配不够均衡挫伤合作积极性

利益分配机制是农业产业化的核心和基础，各参与主体对农业产业化投入生产要素后，对生产要素产权的承认、回报和收益使用得当，可以有效地激励参与主体的创造性和积极性。纵观盐城现有的典型利益联结机制，不论是"农户 + 企业""农户 + 合作社 + 企业"还是政府主导型，在其具体实施运行过程中均存在一定程度的利益分配不均衡问题。

一方面，农户在农业全产业链合作中缺乏利益联结的规划参与权和对收益分享谈判权。企业在资金、技术、信息等方面比农户更有优势，农户相对来说虽然数量众多，但是比较分散，在产业化过程中，农户的相对弱势和农业企业的逐利性，使农户享受不到产业化带来的收益，挫伤他们从事农业生产的积极性。尽管当前一些新的合作模式开始实施"保底分红"

"保底分红 + 股份分红""按股分红"等保障农户利益的利益分配机制，但多数流于形式。如"保底分红"是最为普遍存在的收益分配模式，这既是政府鼓励的重点形式，也是农民的现实要求，但调研发现，多数情况下是"只保底、不分红"或"以保底当分红"。就"保底分红 + 按股分红"而言，多数情况是"保了土地流转价格的底，按股能分多少红完全是象征性的"。调查发现，采取这种收益分配模式的合作组织，其"按股分红"部分与合作社的经营收益状况相关性不大，有的甚至确定了分红的上下限比例或额度，多数不按照效益和股份核算分配股利，且比较主观。就"按股分红"而言，多数"风险厌恶型"小农户的接受意愿不高，而专业大户等新型农业经营主体不得不成了股份合作的主要成员，这种利益分配办法尽管规避了小农户的风险，但小农户分享不到更多的增值收益，仅获得了基本的土地流转收益。

另一方面，一些县乡农业管理部门已注意到农户在产业链合作利益分配中的弱势地位，对农户进行"特殊关照"，但这使得农业产业化组织中的利益分配过度向农民倾斜；部分农村的土地流转指导价格非但没有促进土地流转、增加农民收入，反而使一些工商企业因收益下降、成本刚性而不得不放弃经营。

（三）利益联结机制促进全产业链建设不足

当前，盐城农业全产业链上下游主体之间的利益联结机制与推进农业产业升级、优化农业产业结构、发展现代农业结合得不够紧密，特别是在连接第二、第三产业方面在全产业链谋划、全要素链投入、全价值链追求方面缺少统一规划，导致推进农业向产供销一体化、贸工农一条龙的升级中多走弯路，降低效率。

如现有利益联结机制虽然一定程度上通过龙头企业带动农户就业，但农户参与的只是非常表面的一些工作，更深层次的、链条式生产环节，农户并未参与，这与龙头企业的产业有关系，但更与龙头企业利己行为有关，龙头企业应意识到，积极引导农户参与生产的各个环节，这对龙头企业而言是利好的，龙头企业需以宽广的胸怀积极引导农户参与产业链各个环节中，农户参与的环节越多，越全面，其利益联结愈发稳定，对双方越有利。

三、盐城农业全产业链利益联结机制运行问题的成因

（一）利益联结方式与主体需求的适配度偏低

尽管表面看起来，盐城已形成众多农业全产业链上下游主体之间的合作和利益联结方式，但深入分析其核心的利益分配机制发现，现行利益分配形式单一，无法满足不同主体对利益联结的差异化诉求，进而无法对产业链上下游主体形成有效激励，联结链条不稳定，促进全产业链建设不足。

事实上，应鼓励产业链各主体通过签订合同、合作、合股等方式，建立多层次、差异化的利益联结机制，并以超产分成、纯利润分成、保底（二次分红）等差异化的利益分配模式，满足不同主体对利益联结的诉求。但买断式利益联结方式还有很多，技术、土地、劳动力入股的紧密型利益联结方式效果不佳，按股分红的利益分配方式流于形式，多数企业都以工资的形式维持雇佣关系，而且还有很大一部分农民从事的是计时、计件的临时工，没有实现真正的利益共享。

（二）中介组织协调带动作用发挥不充分

盐城部分农业专业合作社等中介组织的目标不够清晰、运行不够规范，导致空壳化，无法充分发挥对农户的协调带动作用，导致利益联结较松散。

具体来看，首先，本书在调查中了解到盐城还有部分散户以家庭为单位进行小规模养殖，没有形成更有效的联合，即农业中介组织的组织能力还有很大的提升空间。其次，已经成立的专业合作社总体上规模偏小，会员数量少，内部运行机制不够规范，特别是缺乏高素质的管理人员。在人员的构成上，盐城合作社管理人员主要由原来的种养大户带头，他们只是在生产上经验丰富，但文化水平有限，大部分管理人员在现代化农业专业知识和专门的法律方面严重缺乏，而且也缺乏管理的实践经验，不能有效引导和带动农户开展工作，包括与龙头企业之间的利益谈判，也存在实力不足的情况，在利益协调中所起到的作用较小。再次，在中介组织的资金储备上，普遍存在融资困难、资金储备不足的问

题。农业贷款的成本高、风险大，融资渠道少，而资金的缺乏又制约中介组织的发展壮大。最后，在服务范围方面，盐城许多农业中介组织都是当地种养农户联合起来成立的，只是围绕自己所熟悉的农产品种养业而进行组织服务，这就大大限制了服务范围，地域分布狭窄，信息及服务闭塞，服务力度不够。

（三）农户参与利益分配的素质能力较低

在盐城农业全产业链发展过程中，农户仍然是数量最多、最基础的参与主体，然而农户参与产业链利益分配的素质能力低，挫伤其生产积极性，同时也无法形成紧密型利益联结机制。国家统计局发布的农民工监测调查报告显示，2022 年农民工数量达到 29 562 万人，其中外出农民工 17 190 万人，仍然从事第一产业的只有 0.4%，有近 60% 的农民工选择离开本地外出务工，且进城务工的农民工多是学历较高的青壮年男性劳动力。盐城许多农村留乡务农的以妇女和中老年为主，素质结构性下降等问题日益突出，相应的多数合作社社员文化程度低，缺乏懂经营善管理的专业人才，发展后劲不足。

面对文化素质低、不懂法的农户，工商企业容易利用自身的优势规避风险，往往会对不懂法的农民隐藏部分信息，避重就轻甚至有的还会采取投机主义行为。比如，没有对农民充分解释合同里提到的交易内容、范围、价格等内容，或者企业早已事先对农产品的市场价做了市场调查，但收购产品会低于市场价，并在设置相关标准时会提高相应要求。一些龙头企业在收购、加工、销售对虾时对农户会产生双重垄断。在发生不公平交易时，农民往往"哑巴吃黄连"，无法通过有效途径捍卫自身权益。此外，在签订合同时，农户一定要遵循企业的相关规定，在生产的过程中是比较被动的，农业生产中的自然风险也需要独自承担，还要受到企业的生产监督，最后本该企业承担的经营风险就变相地分摊到了农户身上。也因此，农户在合作过程中更加不愿意承担风险，因此，按股分红等能够帮助农户参与加工、销售环节利益分配的利益联结模式推行困难，最终采用固定收益分配方式。

（四）政府利益监督约束机制不够成熟

政府加强对农业全产业链合作主体的监督约束，形成有力的利益保障机制是紧密型农业产业化利益联结机制持续稳定的基础。一般情况下，农业全产业链的上下游主体在决定合作之后，双方就要遵循相应的契约精神，遵守规定，规范各自的生产行为，为产业化能取得长足发展而努力。但在市场经济下，尤其是当双方实力悬殊时，为了争取更多的利益，双方会采取机会主义行为避重就轻、规避风险，因此，合作及背后的利益联结不强、约束力不足，农户违约企业经营困难或龙头企业违约农户面临损失的情况时有发生。从本质上来看，违约行为是必然发生的，是合作双方利益目标之间相冲突而产生的。这需要政府在利益监督约束机制方面要切实出台并落实相关监督约束的政策、法规，保障合作双方的合法利益，促进农业全产业链发展壮大。但政府常常忽略建立有效的利益保障机制，特别是对违约方缺乏有效的制衡机制，作为制约信号的惩罚措施或惩罚力度不能起到相应作用。结果是政府缺乏手段去有效治理诸如农民不按合同规定销售产品、工商企业"跑路"、农民拿不到租金的问题。

从调研的情况来看，盐城保障利益联结机制的制度性支撑还不完善，突出的问题主要包括三点。第一，对土地经营权的转入、抵押和公司股份的流转、继承等问题缺乏更详细的规定。农企合作中，农户入股的土地在企业破产、清算时是否计入偿还债务的对象、计入权益人投资的固定资产和无形资产的范畴，关乎农户的入股土地安全及此类利益联结机制的切实推行，但欠缺这方面的详细政策法规及解释说明。第二，合作社等中介组织需要政府加大监督约束力度，创造一个良好的合作机制和环境，完善相关信贷政策与保障措施，让企业、合作社、农户排除后顾之忧，少点违约，多点紧密型合作，但盐城相关部门对合作社等中介组织的监管力度还不够大。第三，农业是高风险性的行业，风险加剧农企合作的机会主义行为，农业保险可以帮助解决此问题，但盐城当地的实际情况，无论是龙头企业、合作社还是种养农户，对农业保险的认识还不够深入。因此，政府应该多积极宣传农业保险知识及采取相关措施，完善农业保险，激励购买保险等。

第二节　农业全产业链利益联结机制
建设的成功经验与启示

一、农业全产业链利益联结机制建设的经验介绍

（一）安徽宿州的农业产业化联合体机制

农业是宿州最浓厚的发展"底色"，作为全国较早探索农业产业化发展及利益联结机制建设的地区，宿州的农业产业化联合体机制为全国提供了有益借鉴。2017 年 10 月，该机制被农业部、财政部等六部委联合印发文件向全国推广，并荣登 2017 年中国"三农"十大创新榜，2018 年开始连续三年被写入中央一号文件，成为当地农业改革最亮丽的品牌。

安徽宿州农业产业化联合体是由淮河种业有限公司牵头，引入淮河、德杰、惠康等合作社，以家庭农场为基础，贯穿从农资到耕作生产再到购销的产业链条，用服务和收益联成一体的现代农业产业化联合体。该机制的特色和优势在于三个方面。第一，合作主体分工明确、发挥各自特长。在联合体中，农业企业人才、技术、信息和资金优势明显，承担农产品经营销售、统一制定生产规划和生产标准等职责，并以优惠的价格向家庭农场提供种苗及农业生产资料，以高于市场的价格回收农产品。农民专业合作社作为农民的互助性服务组织，在组织农民生产方面起中介纽带作用；同时在产中服务环节可以形成明显的规模优势，提供耕、种、管、收全程机械化服务。家庭农场拥有土地、劳动力以及一定的农业技能，则按照农业企业要求进行标准化生产，向企业提供安全可靠的农产品。第二，形成要素联结，合作稳定深入。联合体各方不仅通过合同契约实现产品交易的联结，更重要的是联合体各方通过资金、技术、品牌、信息等融合渗透，实现生产要素的联结。联合体成员之间建立了共同章程，形成了对话机制，增强了联合体成员的组织意识和合作意识，降低了违约风险和交易成本。第三，实现规模经营，三方共赢。通过联合体这种利益联结机制和背后的制度框架帮助家庭农场和农民合作社实现规模经营，进而提升农业机械利用率等，获得规模经济效益；帮助龙头企业把控农产品原料的数量、

质量和品质等。

（二）江苏句容的农业党建联合体机制

近年来句容市委充分发挥党组织的领导核心作用，出台"1+4"文件体系，通过"一建四联三助力"，打造"条块融合、区域统筹、抱团发展、共享共赢"的现代农业产业党建联合体，切实把党的政治优势、组织优势转化为农业产业发展优势，打造乡村振兴"兴业红堡"。

第一，深入构建"党建'句'力联盟—合作联社党委—合作社党支部"三级组织体系，突出发挥合作联社党委"1+1>2"的作用。一是立足有机稻米、葡萄、草莓三大主导产业，成立3家合作联社并建立合作联社党委，推动"户户合作"转向更高层次的"村村联合""社社抱团"。二是大力推广"党支部+合作社+农户"发展模式，积极引导和推动村级合作社、家庭农场、小农户等加入镇级合作联社发展平台，全面推动合作社党的组织和工作全覆盖。三是搭建联盟"三会一报"议事协调平台，定期研究讨论农业产业发展重大事项、调度重点项目、解决发展难题，推动形成以党建促发展的工作格局。

第二，精准构建"资源联用、人才联育、服务联动、品牌联创"四联机制，以服务提质引领产业升级，努力形成"地标型"现代农业特色产业集群。一是系统整合涉农政策库、资金库、项目库、人才库"四库"，按照优先支持合作联社发展、优先扶持产业重点村社、优先保障产业重点项目"三个优先"原则，全力引导和推动优势资源向农业产业发展重点领域集聚。二是围绕建设以"懂农业、懂农村、懂农民"为标准的现代农业人才体系，深入推进村书记专职化管理，实施村干部素能提升、党员中心户典型选树、营农指导员选派培养，积极探索乡土人才激励机制和莓二代、葡二代培养机制。三是推动"一站式"产业党群综合服务中心建设，以品种培优、品质提升、品牌打造工程为重点，推广统一配送、统一标识、统一采购、统一服务、统一标准的经营管理模式，全力提升党组织引领服务产业发展水平。

第三，积极探索以组织化"造血"带动为重点、帮扶式"输血"拉动为补充的强村富民机制，将党的组织优势转变为产业发展优势，促进党建与农业共同发展。一是通过土地资金入股合作联社、承接合作联社农业社会化服务项目等方式，构建"管理费＋服务费＋股金分红"收益增长机制，增强村级集体经济发展实力。二是构建租金、股金、薪金"三位一体"的利益联结机制，让农民从土地和产业发展中获得土地流转金、集体收入股金分红、就近就业工资三份收益。三是建立村干部领路帮富、党员中心户领干帮扶、营农指导员领学帮带"三领三帮"制度，广泛建立"田间课堂""党员示范棚""党员示范田"等联系服务群众微阵地，实现从业农户农技指导服务全覆盖。

（三）上海浦东的农业产业联盟机制

2022 年，上海市良元农产品专业合作社入选农业农村部第四批新型农业经营主体典型案例，其在构建农业产业联盟、形成稳定利益联结方面展现出不少成绩。上海良元农产品专业合作社成立于 2001 年，并于 2018 年联合另外 6 家农民合作社、21 个家庭农场、17 名种植大户，牵头成立了上海良元稻米产业联合体，形成了产加销一体化农业产业联盟。[①] 其在利益联结方面形成一些特色做法。

第一，良元合作社注重在联盟内部统筹资源分配，发挥服务引领。在技术标准方面，通过培训示范和实地指导，引导联盟成员不断精进种植技术，落实标准化操作规程，从源头把好水稻产品质量关。在考核管理方面，联盟制定了成员单位"准入门槛"，明确加入的成员需达到 50 亩以上种植规模，遵守浦东新区农业绿色生产管理规范要求，认可并接受联合体各项考核要求。此外，联盟依据稻谷品质对成员进行考核打分，年度考核分值与第二年分配给成员的订单量增减挂钩，分值 70 分以下将被取消成员单位资格，以此形成优胜劣汰的良性管理机制。在公共服务方面，联盟会根据成员单位农业设备及场地供给情况，加强统筹规划，推动实现区域内农业设备及场地资源共享，主动适应现代都市农业全产业链升级需要。此外，联盟组建了农机专项服务队，为成员提供插秧、收割、脱壳、烘干等专业化服务。[②]

第二，良元合作社通过"定制＋分红＋保障"的收益分配模式，形成了上下游联通、产供销稳定的良好局面，密切了与种粮农民的利益联结，

---

　　①② 合作构建产业联盟　激发主体内生动力——上海良元农产品专业合作社 [J]. 农村经营管理，2023（6）：15－16.

推动水稻种植规模化、标准化、专业化发展。一是"定制收益"保底。合作社通过市场大数据分析确定粮食种植品种，年初向联盟成员下订单，以固定收购价保障农户的第一部分利益，确保粮食既能"卖得掉"又能"卖得好"。二是"分红收益"增效。联盟统一销售农产品获得的收入，在扣除生产经营管理成本后，将可分配盈余的70%根据联盟成员的交易量或交易额进行二次分配。三是"发展基金"共享。联盟将每年净利润的20%作为发展基金，用于拓展销售渠道、支持成员扩大再生产等；将净利润的10%作为风险基金，建立自我管理、内部使用、以丰补歉机制，提高联盟成员应对天灾人祸、市场波动的抗风险能力。此外，常年累积、未使用的风险基金将转化发展基金，为联盟成员探索体验农业、康养农业、创业农业等新业态提供资金支持，确保联盟的基金用到实处。①

二、借鉴启示

（一）加强党和政府的支持及参与

在农业全产业链利益联结机制建设过程中，党和政府的支持及参与必不可少。一方面，坚持党建引领，是实现农业产业振兴的根本保障，必须健全党领导农业发展的组织体系、制度体系、工作机制，提高新时代党全面领导农村工作的能力和水平。尤其是要有效发挥党组织的组织优势、组织功能、组织力量，充分凝聚基层党员干部的思想、行动、力量和智慧，切实将党建资源和党建成效转化为农业全产业链利益联结资源与成果。

另一方面，政府在推动农业全产业链利益联结机制建设过程中要注意发挥以下几方面的作用：一是通过直接资本和间接资本的投入，引导龙头企业的布局，增强产业链利益联结的启动力量；二是通过组织、协调，引进资金、人才，创造宽松的发展环境；三是通过各种优惠、扶持政策，促进产业化经营组织，特别是农民自办的专业合作组织的发展壮大；四是通过立法和政府规章，规范经营主体行为，保护经营主体利益，保障产业化经营的健康发展。但同时，政府不能过分干预，参与不是代替，扶持不能

---

① 合作构建产业联盟 激发主体内生动力——上海良元农产品专业合作社 ［J］. 农村经营管理，2023（6）：15－16.

包办，不能用政府的行政行为替代企业与农户的经济行为，而只能通过创造环境和条件，建立规范和秩序，来增强产业链经营的活力，推动产业链发展的进程。

（二）搭建信息共享与交流沟通的合作平台

信息不对称是阻碍有效合作进程的关键，及时高效的交流沟通是有效合作的重要保障。要注意为农业经营主体搭建信息共享和平等协商对话的平台。一方面，通过平台全面及时发布的政策信息、产品信息、订单信息、销售信息和种植大户等主体的情况，以及其他农业产业化经营的成功案例，使现有合作主体实时把握各环节的运行情况以便及时调整，节省沟通时间和成本，避免信息层层传递导致的失真状况，吸引更多全产业链环节上的个体或企业等潜在合作者加入合作关系。另一方面，通过平台，使政府、企业、农户等各方利益主体充分表达自己的意见、诉求和建议，就农业经营项目选择、项目管理、利益分配、经验分享等内容展开探讨，在良性互动中最终找到实现合作各方利益的平衡点。

（三）强化内部组织和资金管理

一方面，农业全产业链利益联结机制的有序运行除了靠政府营造良好的法律政策环境之外，更重要的是强化内部组织管理。即要以规范利益联结各方经营行为为目的、促使整体形成诚信、契约、制度等多方面结合的内部管理机制。成员间共同商议决策、协作发展是组织长效运营的关键，其制订不仅要周全，还应具有灵活性，根据市场情况等大环境的影响及时调整发展方向和工作计划，增强抗风险能力。各环节相应的标准、完善的考核奖惩办法以及定期考核也是组织运行必不可少的重要保障。

另一方面，资金是农业经营主体利益联结及产业链建设的重要动力和根本目标。纵观宿州的农业产业化联合体机制、句容的农业产业党建联合体机制，均结合自身特点设计了科学合理的利益分配办法，并具有良好的资金管理制度。从中我们发现，通过合作经营获取的利润必须在产业链主体间合理分配，以保障农户利益、激发主体经营动力，形成深层次利益联结；要丰富合作社、联合体等的外部资金融资渠道；要帮助降低个体尤其是农户在生产前期的资金投入压力，分担市场和自然风险导致的资金亏损等。

第三节 加强盐城农业全产业链利益
联结机制建设的实施方案

一、总体思路

以习近平新时代中国特色社会主义思想为指导，围绕乡村振兴战略与农业强国、农业强省部署，紧抓盐城农业全产业链建设机遇，坚持带农、惠农、富农、兴农导向，针对现有问题，因地制宜建立健全农业企业、农民专业合作社、家庭农场、农户等主体之间的利益联结机制（见图10-1）。

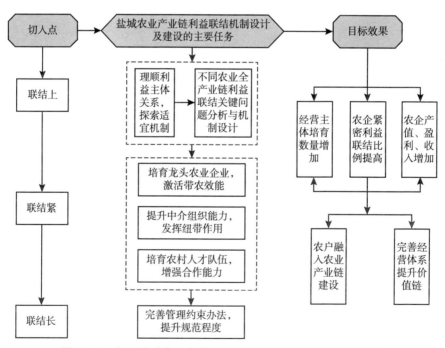

图 10-1 加强盐城农业全产业链利益联结机制建设的总体思路

首先，以"联结上"为基础，理顺利益主体关系，探索适宜机制。

要深入分析盐城水产、蔬果、粮食等六大产业链的参与主体类型、资源要素优势与利益诉求等，充分理解其中相互联结、相互作用的分工合作关系，通过科学合理的利益联结机制，激发主体积极性，把原料生产企业、加工企业、销售企业与种养农户、家庭农场、专业合作社等主体切实联结到产业链和价值链上来，共同致力于农业发展及共享产业增值收益。

其次，以"联结紧"为核心，培育龙头农业企业，激活带农效能；提升中介组织能力，发挥纽带作用；培育农村人才队伍，增强合作能力。企业一头连着农户，一头连着市场，是全产业链的"链主"，要注意培育农业龙头企业，发挥其在联农带农中的引领作用。为解决农企合作中农户弱势、利益容易受损、农企交易成本过高等挫伤联结积极性的问题，要注意提升中介组织的协调组织能力。农户的文化素质低、市场意识弱、专业技能差也是利益联结不牢靠的重要原因，要注意加强农户培训，补齐农业全产业链利益联结中的短板。

最后，以"联结长"为延伸，完善管理约束办法，提升规范程度。要以合理的管理约束办法建立农业全产业链参与主体合作的规范和秩序，保障利益联结的长久性和常态化。

二、建设目标

以农业全产业链利益联结机制建设促进农民增收、农业增效，助力乡村振兴。其中，直接目标包括：龙头企业、种养大户、标准化家庭农场与专业合作社等经营主体培育数量进一步增加；全市农业企业与农户建立紧密利益联结的比例（与农业企业产生利益关系的农户数和全市从事农业的农户总数的比例）进一步提高；建立利益联结机制的农业企业产值与盈利、辐射带动的农户人均收入进一步增加。深层目标包括：把小农户引入现代农业发展轨道，共享产业增值收益；逐步建立以完善家庭经营为基础，集体经营、合作经营、企业经营等共同发展的农业经营体系，提高农业发展的组织化程度，形成上下游衔接配套的全产业链，提升价值链。

三、不同农业全产业链利益联结关键问题分析与机制设计

（一）优质粮油全产业链

相较于蔬菜、经济林果等小农户产出率更高的劳动密集型产业，粮油产业更适合规模化、集团化发展，现代粮油产业已不单纯是某个粮油流通组织的竞争，更多是粮油产业链条和产业体系的整体竞争。盐城六大农业全产业链中优质粮油全产业链发展程度最高，以射阳为代表，各县市区基本形成了县域次级全产业链。盐城优质粮油全产业链现有规模企业近 200 家，建成了以射阳大米集团有限公司和江苏佳丰粮油工业有限公司为链主，以中粮米业、必新米业、喜登门、格丽思和千代香等为重点的全产业链企业主体。

据此，盐城优质粮油全产业链应充分发挥龙头企业带动作用，在产业链上形成"龙头企业 + 中介组织（专业合作社、村集体、经纪人） + 农户（农场） + 服务机构（科研部门、仓储物流部门等）"的联合体，并明确分工、在生产环节采取订单种植 + 固定价或保护价收购 + 二次溢价返还的利益分配办法，在销售、仓储物流、技术支持等后续环节采取现代企业的交易结算模式，使粮油产业链各类经营主体的利益紧密联系起来。但需要注意的是，此类利益联结模式下龙头企业主体占主导地位，要加强对其的监督管理，同时注意提升农户参与利益联结的能力，避免农户利益受损，加强产业链的聚合效应和抗风险能力。

（二）绿色蔬菜全产业链

盐城全市绿色蔬菜全产业链发展态势良好，东台、大丰种植业规模大，响水加工和物流业发展较好，培育有响水西兰花、裕华大蒜等知名品牌。绿色蔬菜产业链上的种植和加工业经营主体主要包括龙头企业、家庭农场、合作社、种植大户、小农户等，通常来说，龙头企业缺少稳定、优质的蔬菜供应源，家庭农场和小农户等主体则信息滞后存在一定的生产盲目性，亟须通过利益联结达成紧密合作。但绿色蔬菜种植业属于劳动和土地密集型产业，一方面专业种植劳动力需求较大但种植户分散程度高，另一方面建立蔬菜标准化种植基地等均需要集中连片土地。

　　鉴于此，建议盐城绿色蔬菜全产业链的利益联结充分发挥村集体的作用，以村党总支为核心、以合作社为纽带、以龙头企业为依托、以种植户为主体，统筹抓好土地流转、种植户聘用、技术指导、资金支持、监督管理等工作。具体来说，可由党总支主导建立合作社与龙头企业对接，并通过深入宣传发动，引导农户自愿以产权入股、订单生产、流转土地、务工等方式加入合作社，进而有效融入产业链。此模式下，最重要的是做好土地入股后的利益分配，办法主要包括：固定分红，即入股土地农户获取土地入股固定收益；劳务工资，即蔬菜种植基地务工农户的劳务报酬；组织管理分红，即合作社培训当地农户蔬菜种植技术并组织务工可获取的组织管理费等；返租倒包经营分红，即当地蔬菜种植能人按照龙头企业要求，通过返租倒包方式，承包基地内土地进行蔬菜种植获取的利润收益。

（三）经济林果全产业链

　　盐城全市经济林果全产业链发展较不平衡，盐都、大丰、射阳等地种植业规模大，但加工、物流交易等产业较薄弱。从企业和品牌培育来看，盐城经济林果全产业链现有规模企业 26 个，[1] 有菌钥生命科技和富安茧丝绸等农业产业化重点龙头企业，有东台西瓜、洋马菊花、盐都草莓等著名品牌。从经济林果产业的特点来看，其同样对劳动力和土地需求大，且尤其适合与三产融合，发展乡村旅游、休闲观光、健康养生等产业。

　　对此，盐城经济林果全产业链的利益联结可鼓励产业化联合体等催化联结机制和政府服务平台的建设，可由村集体出面组织农户成立合作社与龙头企业对接，并统一对土地、劳动力等资源进行优化配置，统一与科研机构、金融机构、流通企业对接，为农户提供服务等。该模式下，在利益创造方面要注意围绕品牌打造提升盐城经济林果市场竞争力，并创新商业模式、大力发展产业融合新业态，以高收益联结上各类经营主体。在利益分配方面，同样鼓励探索保护价收购、土地入股、劳务分红等分配办法，要注意产业融合业态增值收益在村集体、合作社、企业、农户之间的合理分配。此外，还可结合产量、品质和融合业态消费者满意度等指标对农户进行绩效发放、免费农资发放等激励。

---

　　[1]　盐城市农业农村局 2020 年调研报告。

（四）规模生猪全产业链

盐城全市规模生猪全产业链发展态势良好，培育有银宝集团和中粮家佳康（江苏）等龙头企业，阜宁黑猪、滨海香肠等著名品牌，但也存在养殖业规模大、肉类加工和物流交易产业较薄弱的问题。此外，生猪养殖业长期面临动物疫病、市场波动和环境保护风险，加工、流通等产后事业发展也具有高投资、高风险的特征，而小、散养殖户因固有风险回避特性，正在退出生猪产业。

对此，盐城生猪全产业链可采取"龙头企业＋基地＋养殖户＋服务机构（疫病防控部门、仓储物流部门等）"的联合体组织模式，形成互惠互利、配套联动、风险共担的紧密合作，即在政府的支持下，由龙头企业出资建设生猪养殖基地，与金融机构、疫病防控机构、饲料企业、物流企业等合作，向养殖户提供良种仔猪、饲料、药品、养殖技术服务，并负责生猪的收购、加工及销售，养殖户则严格按照企业的技术标准负责具体养殖工作。该组织模式下，一方面，龙头企业和养殖户之间形成代养雇佣关系，龙头企业按生猪增重支付养殖户劳动力的养殖报酬，或按饲料购买量、生猪交付数量质量等进行二次返利，即龙头企业承担较大风险并获得生猪养殖环节之外的全部利益；另一方面，若养殖户以资金、土地使用权、技术等生产要素与龙头企业进行股份合作，则可获得按股分红收益。这种利益联结机制对龙头企业要求较高，适用于具有管理、技术、资金优势的龙头企业，且也要加强对其的监督管理，或成立合作社或由村集体出面保障养殖户利益。

（五）现代禽业全产业链

盐城现代禽业全产业链发展稳中向好，东台、滨海、阜宁等地已形成较大规模的禽类养殖业，并培育有大鹤蛋业和温氏畜牧两家大型企业，但现代禽业同样面临疫病、环保等高风险，整体产业链条也偏短，加工和物流交易产业较薄弱，与服务业的产业融合业态少。相较于其他产业链，盐城现代禽业全产业链的规模企业和知名品牌不多不强，由此产品增值能力、全产业链获利能力差，导致产业链整体利益分配少、养殖户参与利益联结动力弱。

对此，盐城现代禽业全产业链可采取合作社主导型利益联结机制，由养殖户自愿组建禽业专业合作社，再由合作社作为广大养殖户的利益代表，与种畜禽繁育企业、饲料（兽药）生产加工企业、肉类加工企业、科研院所和金融保险企业等达成合作协议，形成"资金共筹、利益均沾、积累共有、风险共担"的经济利益联合体。其中，在利益产生方面，禽类养殖业要注意发展多元业态，延长产业链条，提升产业链收益，如与林果种植业结合开发农场观光与餐饮服务，对鸡舍粪污进行回收、加工制作成有机肥或建立养殖园区沼气池等。在利益分配方面，合作社与养殖户（社员）之间的利益分配方式主要是现金收购养殖户的产品；对以资金、土地、技术和劳动力等要素入股合作社的养殖户进行分红、支付土地流转费用；支付在合作社中工作的养殖工人工资等。在风险防控方面，可通过产业融合发展生态养殖降低环保风险；通过品牌打造、直销配送等保证流通环节稳定性，降低市场风险；通过合作社与科研机构、保险机构等的合作，对社员养殖户实行统一管理标准、统一技术服务、统一疾病防治规范、统一畜禽保险等服务，降低疫病风险。

（六）特色水产全产业链

当前，盐城已初步建成包括育苗育种、养殖、海洋捕捞、加工、销售等的水产产业链，培育有正源创辉、怡美食品等农业产业化重点龙头企业，有大纵湖大闸蟹、建湖青虾等著名品牌。但与规模生猪产业、现代禽业一样，水产养殖业也面临市场波动、鱼病灾害、自然灾害等高风险，同时水产产业链的初始投资也较高。

对此，同样建议盐城特色水产产业链的利益联结充分发挥龙头企业的带动作用，形成"龙头企业＋基地＋养殖户＋服务机构（科研部门、仓储物流部门等）"的联合体。由综合实力强、资金雄厚、终端销售网络完善的龙头企业（链主企业）搭建规模化、集约化的水产养殖加工基地，吸引养殖户在基地养殖，并统一供苗供料、提供技术服务，实现紧密联结。由此，在利益分配方面，水产养殖户可以获得产品出售收入、养殖劳动收入、其他环节水产品的返利等，在风险防控方面，通过科研机构解决水产品的生产风险，通过金融机构和政府解决水产品市场风险，提升产业链抗风险能力。

四、机制建设主要任务

（一）培育龙头农业企业，激活带农效能

一要围绕资源优势和特色产业整体布局，坚持引进和支持一批有实力的农产品加工、销售企业发展壮大，打造一批科技含量高、生产规模大、经营管理好、发展后劲足、带动作用强的龙头企业和产业化联合体。二要重点关注龙头企业在现代农业产业体系、生产体系和经营体系建设中的领军作用，加强对龙头企业带动普通农户和家庭农场、农民合作社转型提升的用地、税收和贷款等政策支持。三要引导和支持龙头企业建立健全定向投入机制、价格保护机制、风险保障机制和利润分配机制，优化龙头企业与农户的利益联结机制。

（二）提升中介组织能力，发挥纽带作用

一要规范中介组织的运行机制。通过组织宣传学习、实践考察、经验共享等方式引导中介组织建立完善章程，并注意开展对中介组织带头人和骨干成员的财务管理、发展理念、市场法律知识等培训，提升其规范化管理水平。二要加大对中介组织的支持保障。相关部门应对现有中介组织进行摸排，劝退注销一批空转合作社，而对运行规范、带动能力强的中介组织加大政策和资金支持力度，如设置专项工作补贴、划拨奖励资金、提供信贷保障等。三要充分发挥盐城市各类农业中介组织服务、沟通、协调等作用，将分散的农户组织起来，当好企业和农户的纽带。中介组织应搭建起企业与政府、企业与企业、企业与农户、农户与农户之间相对平等的对话平台，保证各主体的话语权和知情权，帮助建立稳定紧密的利益联结关系；要积极主动为成员搞好服务，及时为会员提供全面的信息服务与咨询指导，创造性地帮助会员解决好发展中存在的生产成本高、融资困难、销售不畅等实际问题。

（三）培育农村人才队伍，增强合作能力

一要实施农户能力提升工程，创新推进"五位一体"新型职业农民培育盐城模式，采取农民夜校、田间学校等适合小农户的培训形式，开展种

养技术、经营管理、农业面源污染治理、乡风文明、法律法规等方面培训，增强小农户整体素质和信用意识，以更高的积极性和更强的能力参与全产业链发展。二要通过宣传增强农户的合作意识。通过组织农户参观先进地区，将运营成功的模式介绍给农户，在对比之中激发农户的主动性，增强农户的市场意识和合作意识。三要加快建设产业组织平台，引导龙头企业、合作社和村集体经济组织协同联合发展，鼓励农户积极参与加工、仓储、运输、销售等产业链、供应链的各个环节，切实提高小农户的组织化程度。大力发展面向小农户的农业生产性服务、托管服务、产销服务，实施互联网＋小农户计划，健全传统经营小农户、传统技艺小农户、小规模纯农户和低收入农户"四小"农户支持保护机制，引导小农户与现代农业有机衔接。

（四）完善管理约束办法，提升规范程度

一要注意加强合作社等中介组织的内部人、财、物、产、供、销管理制度建设，做到机构健全、职责分明、制度完善、有章可循。二要落实违约惩处措施、创新违约惩处方式。将信用制度引入农村，将严重违约行为与农户征信、企业声誉等挂钩，并定期开展考核检查，形成层层监管、层层追责制度，引导利益联结主体规范合同并诚信履约。三要增加违约处罚宣传力度，切实达到对随意违约行为的震慑作用。四要提高农户法治与自治相结合的意识，增强农户的守信履约教育，加快构建农村诚信体系。

第四节　加强盐城农业全产业链利益联结机制建设的保障措施

一、加强组织领导

建立领导小组，对应成立由牵头部门负责的工作专班，形成牵头部门抓总、乡（镇）党委、政府具体负责、相关部门协调配合、社会力量积极支持、农民群众广泛参与的工作机制。细化工作任务和目标，确保各项措施落实到位，健全农企利益联结工作档案。

二、搭建合作平台

搭建信息交流平台，将原料生产企业、加工企业、销售企业、种养农户、合作社、投资商、金融机构等吸引到平台上，为农企利益联结提供全方位市场服务。搭建农资服务平台、农机服务平台、兽医服务平台、科技服务平台、电子商务服务平台等社会化服务平台，为农户提供一揽子解决方案。搭建土地要素对接平台，定期汇总发布全市包括农村土地流转供求信息在内的农村集体产权供求信息、建立完善土地流转工作制度，规范流转程序，为农户土地入股、流转聘用、返租倒包等利益联结机制实施提供保障。

三、加大经验宣传

认真分析总结先进利益联结模式，不定期推送农企利益联结相关信息、多角度地宣传报道典型案例，让更多的企业和农户获取典型经验，增强利益联结驱动力；引导各级党员干部充分认识农业全产业链建设与联农带农的重要性、紧迫性，坚定发展的信心，形成示范带动、比学赶超、竞相发展的良好局面。

四、严格评估考核

建立农企利益联结信息报送制度及相应工作台账，动态跟踪、及时更新产业帮扶信息，实现精细化管理，提高帮扶产业透明度。将紧密型农企利益联结比例、建立利益联结机制的企业数与辐射带动的农户数、农企增收幅度、用于产业链联农带农资金占涉农整合资金的50%以上等指标纳入考核重要内容，并完善相应考核奖惩办法。

五、强化资金支持

积极争取农企利益联结机制工作专项资金；鼓励金融机构加大对联结

紧密、成效明显的龙头企业的信贷支持力度，降低准入门槛，适当给予利率优惠，建立与农业全产业链发展相适应的金融贷款增长机制；鼓励加大小额信贷的发放力度，采取农户联保、龙头企业担保等多种形式支持与龙头企业联结紧密的农户。

参 考 文 献

[1] 曹春信，王东飞，鄢继琼，等．金华市辣椒生产全产业链管控技术 [J]．北方园艺，2022 (9).

[2] 陈文胜．论中国农业供给侧结构性改革的着力点——以区域地标品牌为战略调整农业结构 [J]．农村经济，2016 (11).

[3] 陈雪梅，陈鹏宇．广东产业集群的形成、发展和升级 [J]．宏观经济研究，2004 (10).

[4] 程杰贤，郑少锋．农产品区域公用品牌使用农户"搭便车"生产行为研究：集体行动困境与自组织治理 [J]．农村经济，2018 (2).

[5] 楚德江，张玥．权能共享：绿色农产品品牌建设中"搭便车"行为的治理 [J]．西北农林科技大学学报（社会科学版），2021 (6).

[6] 崔剑峰．发达国家农产品品牌建设的做法及对我国的启示 [J]．经济纵横，2019 (10).

[7] 丁郭明，陆建飞．行业协会主导农产品区域公用品牌创建的研究——以"射阳大米"为例 [J]．中国稻米，2022 (1).

[8] 丁淑玲，李丽．我国农业全产业链绿色发展路径与对策研究 [J]．河北农机，2023 (6).

[9] 董亚宁，顾芸，杨开忠．农产品品牌、市场一体化与农业收入增长 [J]．首都经济贸易大学学报，2021 (1).

[10] 董银果，钱薇雯．新发展格局下农产品品牌发展路径研究——基于农产品质量投入的视角 [J]．中国软科学，2022 (8).

[11] 杜永红．基于中国国情的农业全产业链数字化转型路径 [J]．中国流通经济，2023 (12).

[12] 樊胜岳，李耀龙，马晓杰，等．数字化水平对农业绿色发展影响的实证研究——基于中国30个省份的面板数据 [J]．世界农业，2021 (12).

[13] 高巍，张建杰，张艳舫，等．中国奶业全产业链绿色发展指标的时空变化特征 [J]．中国生态农业学报（中英文），2020（8）．

[14] 葛鹏飞，党亚男，吕萍，等．草原畜牧业产业链利益联结机制影响因素研究——基于草原牧区四省区的调查 [J]．草业科学，2017（12）．

[15] 葛若凡．"双碳"目标下绿色农业产业链发展的内在机理与实施策略 [J]．农业经济，2023（10）．

[16] 宫智勇，刘言，王桥．长江中下游小龙虾全产业链食品质量安全现状分析 [J]．食品安全质量检测学报，2022（8）．

[17] 龚斌磊，王硕，代首寒，等．大食物观下强化农业科技创新支撑的战略思考与研究展望 [J]．农业经济问题，2023（5）．

[18] 韩喜艳，高志峰，刘伟．全产业链模式促进农产品流通的作用机理：理论模型与案例实证 [J]．农业技术经济，2019（4）．

[19] 韩喜艳，刘伟，孙建涛．有机生姜种植技术特点及产业发展模式分析 [J]．中国蔬菜，2021（7）．

[20] 何睦，王翔．农业数字化转型发展：重要性、障碍及实施路径 [J]．贵州社会科学，2023（9）．

[21] 何薇，朱朝枝．多元利益视角下福建农民创业园利益联结的影响因素研究 [J]．福建农业学报，2018（9）．

[22] 贺雪峰，罗兴佐．论农村公共物品供给中的均衡 [J]．经济学家，2006（1）．

[23] 黄炳凯，耿献辉．基于质量异质性的农产品品牌策略选择 [J]．农村经济，2019（10）．

[24] 黄晓慧，聂凤英．数字化驱动农户农业绿色低碳转型的机制研究 [J]．西北农林科技大学学报（社会科学版），2023（1）．

[25] 康传志，王升，黄璐琦，等．道地药材生态农业集群品牌培育策略 [J]．中国中药杂志，2020（9）．

[26] 兰勇，张婕妤．农产品区域公用品牌研究回顾与展望 [J]．农业经济，2019，389（9）．

[27] 李国英．农业全产业链数字化转型的底层逻辑及推进策略 [J]．区域经济评论，2022（5）．

[28] 李建军．基于农业产业链的农产品品牌建设模式研究 [J]．上

海对外经贸大学学报，2015（5）.

［29］李新建，杨红，曾玲，李小玲 . 参与农产品区域公用品牌提升的三方演化博弈［J］. 中国管理科学，2022（8）.

［30］李耀东 . 农产品区域品牌助推乡村振兴的作用机理和实施路径研究［J］. 经济问题，2021（9）.

［31］李仪 . "互联网＋"背景下的农业商业模式创新：基于农业全产业链闭合平台的视角［J］. 学习与探索，2016（9）.

［32］梁剑峰，李静 . 农民专业合作社法人治理结构的冲突与优化［J］. 经济问题，2015（1）.

［33］林玉妹，李承翰 . 农业数字化转型对农业绿色增长的影响［J］. 中国农业资源与区划，2024（4）.

［34］刘婷，徐晓 . 乡村振兴战略下农业产业化联合体全产业链构建研究［J］. 农业经济，2023（6）.

［35］刘婷 . 粮食全产业链数字化转型升级路径研究［J］. 农业经济，2023（8）.

［36］刘维尚，刘卓，秦嘉霖 . 地域文化与农业区域品牌形象 IP 的融合策略研究［J］. 包装工程，2021（18）.

［37］卢凤君，程华 . 农业产业链价值循环的影响因素及全产业链组织模式［J］. 学术交流，2022（11）.

［38］芦千文，高鸣 . 农业生产性服务联结机制的演变与创新［J］. 华南农业大学学报（社会科学版），2019（6）.

［39］宁钟，陆俊，王大山，等 . 全产业链模式下国内农产品供应链韧性提升的路径研究——以郑明物流与建发股份的冷链合作为案例分析［J］. 供应链管理，2023，4（2）.

［40］邱浩然，徐辉 . 数字化转型对农业企业绩效的影响［J］. 统计与决策，2022（3）.

［41］石敏，李大胜，吴圣金 . 资本下乡中农户的合作行为、合作意愿及契约选择意愿研究［J］. 贵州财经大学学报，2021（2）.

［42］苏锦旗，潘婷，董长宏 . 中国农业数字化发展及区域差异评价［J］. 西北农林科技大学学报（社会科学版），2023（4）.

［43］孙丽丽，李富忠 . 大数据背景下现代农业连锁品牌演化逻辑——

基于物流供应链的分析 [J]. 商业经济研究, 2021 (3).

[44] 孙日瑶, 刘华军. 选择与选择成本: 品牌降低选择成本的机制分析 [J]. 财经论丛, 2008 (1).

[45] 涂圣伟. 工商资本参与乡村振兴的利益联结机制建设研究 [J]. 经济纵横, 2019 (3).

[46] 王恒, 方兰. 中国农业数字化与绿色化时空耦合协调关系及驱动力分析 [J]. 长江流域资源与环境, 2023 (4).

[47] 王丽杰. 我国农业品牌化发展的方针及对策 [J]. 兰州学刊, 2014 (12).

[48] 卫苗. 新媒体背景下特色农产品的营销模式与优化策略 [J]. 农业经济, 2021 (9).

[49] 温日宇, 邵林生, 姜庆国, 等. "增益型、套餐式" 农业生产托管下玉米全产业链服务模式在山西的实践与启示 [J]. 玉米科学, 2019 (5).

[50] 吴伟生, 迟云平. "互联网＋" 背景下农业企业品牌化建设与管理路径 [J]. 农业经济, 2021 (7).

[51] 肖丽平, 胡春, 王学东. 基于大数据的农业品牌信息数据集模型研究 [J]. 情报科学, 2019 (5).

[52] 肖人荣, 赵鹏军, 戚禹林, 等. 农产品地理标志品牌的空间异质性特征及其影响因素研究 [J]. 农业现代化研究, 2021 (6).

[53] 徐静, 姚冠新, 戴盼倩. 农业品牌建设的影响因素及实现模式研究 [J]. 扬州大学学报 (人文社会科学版), 2022 (5).

[54] 徐静, 姚冠新, 周正嵩, 韩强, 戴盼倩. 质量承诺对农产品供应链企业财务绩效影响的实证研究 [J]. 工业工程与管理, 2015 (4).

[55] 徐岚, 赵爽爽, 崔楠, 张留霞, 赵津怡. 故事设计模式对消费者品牌态度的影响 [J]. 管理世界, 2020 (10).

[56] 许佳彬, 李翠霞, 武欣宇, 等. 打造龙江绿色食品产业 "硅谷": 理论建构、实践模式与路径创新 [J]. 农业经济与管理, 2022 (2).

[57] 许敬辉, 王乃琦, 郭富林. 数字乡村发展水平评价指标体系构建与实证 [J]. 统计与决策, 2023 (2).

[58] 许益亮, 靳明, 李明焱. 农产品全产业链运行模式研究——以

浙江寿仙谷为例 [J]. 财经论丛，2013（1）.

[59] 杨建利，郑文凌，邢娇阳，等. 数字技术赋能农业高质量发展 [J]. 上海经济研究，2021（7）.

[60] 杨军鸽，王琴梅. 数字技术与农业高质量发展——基于数字生产力的视角 [J]. 山西财经大学学报，2023，45（4）.

[61] 杨守德，于堃. 数字化赋能农业全产业链融合的机制与高质量发展路径研究 [J]. 商业经济，2023（5）.

[62] 杨蕴丽，王莹莹，邱婷. 我国畜牧业全产业链综合效益评价与高质量发展对策建议 [J]. 中国畜牧杂志，2024（3）.

[63] 于新茹，米静. 乡村振兴视域下畜禽全产业链高质量发展策略研究 [J]. 饲料研究，2023（24）.

[64] 张康洁，于法稳. "双碳"目标下农业绿色发展研究：进展与展望 [J]. 中国生态农业学报（中英文），2023（2）.

[65] 张梦玲，童婷，陈昭玖. 农业社会化服务有助于提升农业绿色生产率吗？[J]. 南方经济，2023（1）.

[66] 张晓锋，鲍姝辰，李广修. 创新扩散理论视角下新媒体时代农产品品牌传播策略——以阜宁生态猪肉品牌为例 [J]. 南京农业大学学报（社会科学版），2019（4）.

[67] 赵海燕，朱梦瑶，马峥，等. 现代农业产业园集聚效应研究——基于北京8家园区的实证分析 [J]. 中国农业资源与区划，2024（4）.

[68] 郑蔚然，孙明，于国光，等. 农业生产"三品一标"专家系列解读之四标准化生产——促进蔬菜产业高质量发展的新保障 [J/OL]. 中国蔬菜，2024.

[69] 郑晓书，王芳. 一个不完全契约履约效率的案例研究：基于农业循环经济项目的实践逻辑 [J]. 农业经济问题，2021（10）.

[70] 钟真，徐越，蒋维扬. 农业产业化联合体：理论机制及发展趋势 [J]. 财经问题研究，2024（2）.

[71] 周恩宇，赵浪. 中国数字农业发展的区域差异、时空特征与驱动因素识别 [J]. 四川农业大学学报，2024.

[72] 周立群，曹利群. 商品契约优于要素契约——以农业产业化经营中的契约选择为例 [J]. 经济研究，2002（1）.

［73］朱齐超，李亚娟，申建波，等 . 我国农业全产业链绿色发展路径与对策研究［J］. 中国工程科学，2022（1）.

［74］Berard L, Marchenay P. Lieux. Lieux, temps et preuves. La construction sociale des produits de terroir［J］. *Terrain*：*Anthropologie & Sciences Humanines*, 1995, 24.

［75］Costanigro M, Mccluskey J J. The Economics of Nested Names：Name Specificity, Reputations, and Price Premia［J］. *American Journal of Agricultural Economics*, 2010, 92（5）.

［76］Douglas K B, Annette M B. Organising for Socio-ecological Resilience：The Roles of the Mountain Farmer Cooperative Genossenschaft Gran Alpin in Graub Unden, Switzerland［J］. *Ecological Economics*, 2014, 98（3）.

［77］Fracarolli G S. Mapping Online Geographical Indication：Agri-Food Markets on E-Retail Shelves［J］. *Agronomy*, 2021, 11（12）.

［78］Liu Y, Wang X. Promoting Competitiveness of Green Brand of Agricultural Products Based on Agricultural Industry Cluster［C］. Wireless Communications and Mobile Computing 2022.

［79］Wang E, Liu Z, Gao Z, Wen Q, Geng X. Consumer Preference for Agricultural Product Brands in an E-commerce Environment［J］. *Agribusiness*, 2022, 38（2）.

［80］Xu J, Cai J, Yao G, Dai P. Strategy Optimization of Quality Improvement and Price Subsidy of Agri-Foods Supply Chain［J］. *Foods*, 2022, 11（12）.

［81］Yu Jialing, Jian Wu. The Sustainability of Agricultural Development in China：The Agriculture – Environment Nexus［J］. *Sustainability*, 2018.

［82］Zhu Z, Shen Q, Gao Z. Consumer Choices in Agricultural Markets with Multitier Collective Labels and Private Brands［J］. *Agribusiness*, 2022, 38.